Vasco da Silva

Critical Incidents in Spanien und Frankreich

Eine Evaluation studentischer Selbstanalysen

KULTUR – KOMMUNIKATION – KOOPERATION

herausgegeben von Gabriele Berkenbusch und Katharina von Helmolt

ISSN 1869-5884

1 *Gabriele Berkenbusch und Doris Weidemann (Hrsg.)*
Herausforderungen internationaler Mobilität
Auslandsaufenthalte im Kontext von Hochschule und Unternehmen
ISBN 978-3-8382-0026-2

2 *Vasco da Silva*
Critical Incidents in Spanien und Frankreich
Eine Evaluation studentischer Selbstanalysen
ISBN 978-3-8382-0036-1

3 *Gwendolin Lauterbach*
Zu Gast in China
Interkulturelles Lernen in chinesischen Gastfamilien:
Eine Längsschnittstudie über die Erfahrungen deutscher Gäste
ISBN 978-3-8382-0082-8

4 *Katharina Bertz*
Akkulturationsmodelle in der aktuellen Forschung
Metaanalyse neuester wissenschaftlicher Studien über Akkulturation
ISBN 978-3-8382-0126-9

5 *Sabine Emde*
Immigration und Schwierigkeiten im deutschen Alltag
Eine chinesische Migrantin in Deutschland
ISBN 978-3-8382-0101-6

Vasco da Silva

CRITICAL INCIDENTS
IN SPANIEN UND FRANKREICH

Eine Evaluation studentischer Selbstanalysen

ibidem-Verlag
Stuttgart

Bibliografische Information der Deutschen Nationalbibliothek
Die Deutsche Nationalbibliothek verzeichnet diese Publikation in der Deutschen Nationalbibliografie; detaillierte bibliografische Daten sind im Internet über http://dnb.d-nb.de abrufbar.

Bibliographic information published by the Deutsche Nationalbibliothek
Die Deutsche Nationalbibliothek lists this publication in the Deutsche Nationalbibliografie; detailed bibliographic data are available in the Internet at http://dnb.d-nb.de.

∞

Gedruckt auf alterungsbeständigem, säurefreien Papier
Printed on acid-free paper

ISSN: 1869-5884

ISBN-10: 3-8382-0036-5
ISBN-13: 978-3-8382-0036-1

Printed in Germany

Inhaltsverzeichnis

1 Problem- und Zielstellung

„Von tausend Erfahrungen, die wir machen, bringen wir höchstens eine zur Sprache, und auch diese bloß zufällig und ohne die Sorgfalt, die sie verdiente.“

(Mercier 2006, 28)

Dort, wo unterschiedliche Kulturen aufeinander treffen, kommt es verstärkt zu Problemen. So einfach diese Aussage auf den ersten Blick erscheint, so komplex ist sie inhaltlich. Gerade dann, wenn jemand ein ganzes Jahr in einem fremden Land, besser: in einer fremden Kultur, verbringt, er dort lebt, studiert, arbeitet, mit den Einwohnern in Kontakt kommt und Freundschaften schließt, wird die Komplexität menschlichen Zusammenlebens besonders deutlich. Bald wird der im Ausland Lebende Unterschiede bemerken: Alltägliche Handlungs- und Interpretationsmechanismen, die zu Hause als selbstverständlich gelten, funktionieren in der neuen Kultur nicht mehr. Er ist verwirrt, eventuell gar verängstigt, und spürt, dass im Gastland andere Handlungsweisen zum Tragen kommen. Kurzum: Er stößt an die Grenzen seiner Kultur.

Die Relevanz von ‚Kultur‘ und ‚Interkultureller Kommunikation‘ muss heute nicht mehr gerechtfertigt werden (Weidemann 2004, 11). Nicht nur international agierende Großkonzerne, auch kleine und mittelständische Unternehmen haben mittlerweile die Vorteile dieser Konzepte entdeckt. Sie bieten Trainings und Schulungen für ihre Mitarbeiter an und lassen Programme für Partner von Auslandsentsandten entwickeln. Doch nicht nur Berufstätige, auch Studierende, von denen ja gerade im Studium Mobilität und Internationalität gefordert wird, erhalten profunde Vor- und Nachbereitungen zu ihren Auslandsaufenthalten. Unterschiedlichste Trainingsformen und ihre Wirkungsweise waren oft Gegenstand von Untersuchungen. Wie aber denken Studentinnen und Studenten nach einem länger absolvierten Auslandsaufenthalt über ihre dort erfahrenen Probleme? Welche Erklärungen haben sie nun für im Ausland entstandene Schwierigkeiten? Und können sie jetzt Lösungen vorschlagen, die sie damals noch nicht zur Hand hatten?

Ziel der vorliegenden Arbeit ist es, anhand von studentischen Seminararbeiten über in einem Auslandsjahr persönlich erlebte *critical incidents* herauszufinden, wie die Studierenden nach einem Jahr in der fremden Kultur diese Probleme auf unterschiedlichen Ebenen reflektieren. Dabei wird untersucht, wie sie ihre kritischen Interaktionssituationen beschreiben, welche Methoden der Selbstanalyse sie anwenden und welche Vorschläge sie für ähnlich gelagerte Schwierigkeiten in der Zukunft geben. Aus der auf diese Weise durchgeführten Metaanalyse soll ein Modell entstehen, welches die Fähigkeit zur (Selbst)Reflexion der Studierenden widerspiegelt und zukünftig eine Hilfestellung bei der Konzipierung interkultureller Trainingsmaßnahmen sein kann.

Mittels einer ausführlichen Literaturrecherche wurde der Zugang zum Thema eröffnet. Im Zentrum standen dabei vor allem Arbeiten, welche sich mit der *Critical Incident Technique* (Flanagan 1954) befassten, da das vorliegende empirische Material auf dieser Technik fußt. International arbeiteten vor allem Fiedler, Mitchell und Triandis mit ihr (u. a. Fiedler / Mitchell / Triandis 1971 und Brislin 2002). Ferner benutzten sie u. a. Nancy Arthur (2001), Albert Wight (1995) oder David Tripp (1993). Des Weiteren wurden Werke zum Literaturstudium herangezogen, welche die Thematik von studentischen Auslandsaufenthalten zum Inhalt haben. So beobachtete Gmelch (1997) in Portfolio-Manier Studierende während ihrer Zeit im Gastland, Weidemann (2007) spricht allgemein von Akkulturationserscheinungen bei Auslandsaufenthalten und Hiller (2007) untersuchte studentische Problemsituationen in einem deutsch-polnischen Umfeld. Um schließlich die Reflexionsfähigkeit der Studierenden theoretisch abzusichern, flossen vor allem die von Krewer (1994) entwickelten ‚Orientierungsstufen zum Fremdverstehen' in die Literaturrecherche ein. Den methodischen Zugang zum empirischen Material stellte die qualitative Inhaltsanalyse (u. a. Mayring 2000b) sicher. Allerdings wurde sie in einer der Arbeit angepassten Form verwendet (vgl. Kapitel 3.2.1).

Die vorliegende Arbeit beginnt mit Begriffserläuterungen, damit die von den Studierenden verwendeten Konzepte aber auch meine Argumentation in der Metaanalyse nachvollzogen werden können. Im Anschluss erkläre ich in Kapitel 3 die Entstehung des in der Arbeit verwendeten empirischen Materials sowie meine methodische Herangehensweise. Die bereits erwähnte Metaanalyse beginne ich mit der Vorstellung von drei zentralen Problemfeldern der Studierenden im Ausland, um daran anknüpfend eine mikroprozessuale Analyse der einzelnen studentischen Arbeitsschritte (Beschreibung des *critical incidents*, seine Selbstanalyse und die vorgeschlagenen Lösungen) vorzunehmen. Die Ableitung eines Reflexionsmodells, welches die Fähigkeiten zur Reflexion der Studenten darstellt sowie Empfehlungen für die interkulturelle Lehre, beenden die Arbeit.

2 Begriffsklärungen

2.1 Kultur und Interkulturalität

Die vorliegende Arbeit befasst sich mit äußerst komplexen Konzepten: Kultur und Interkulturalität, menschlichem Verhalten in Interaktionssituationen und deren Analysen. Unzählige Begriffsbestimmungen wurden zu diesen Konzepten erstellt. Bereits im Jahr 1952 zählten Kroeber und Kluckholm über 160 verschiedene Definitionen des Begriffes ‚Kultur' (Ting-Toomey 1999, 9). Aus diesem Grund muss für die vorliegende Arbeit eine Reduktion der Kulturkonzepte vorgenommen werden. Orientierung dafür bietet das empirische Material, welches später noch einer ausführlichen Analyse unterzogen wird. Um die Auswahl der Kulturdefinitionen zu verstehen, greife ich ein wenig dieser Arbeit vor. Maßgeblich für die vorliegende Untersuchung ist die Definition von Kultur, in deren Licht das Material erstellt wurde, d. h. das Verständnis von Kultur, welches die Autoren des Materials (Studierende der Vorlesungsreihe *„Intercultural Studies and Training"* der Westsächsischen Hochschule Zwickau) gemeinsam besitzen (siehe Kap. 3.1.1). Da sich außerdem die Studenten in ihren Analysen mehrheitlich auf drei Autoren beziehen (Hofstede, Hall und Thomas), sollen hier auch nur deren Kulturkonzepte vorgestellt werden. Schließlich füge ich dem noch einige Erweiterungen hinzu, um auch den Werdegang meiner Metaanalysen theoretisch nachvollziehen zu können.

Die Definition von Helmolts (1997) ist diejenige unter den Kulturdefinitionen, die bei den Autoren des Materials als bekannt vorausgesetzt werden kann[1]. Sie verwendet den Begriff Kultur

> „im Sinne des einer Gruppe gemeinsamen Bestandes an (Erfahrungs-) Wissen, Denkmustern und Werthaltungen, der in regelgeleiteten Handlungen der Gruppenmitglieder zum Ausdruck gebracht und dabei reproduziert oder modifiziert wird. [...] Kultur [ist] also [...] eine Größe, die einerseits Einfluß auf die Handlungen der Kulturteilhaber nimmt, andererseits aber auch durch deren Handlung geschaffen wird." (von Helmolt 1997, 16).

---

[1] Prof. von Helmolt unterrichtete die Studierenden in der Zeit von 2004 bis 2006 in der unter 3.1.1 beschriebenen Lehrveranstaltung, d. h. *vor* der Durchführung des obligaten Auslandsaufenthaltes.

Interessant ist hierbei der interaktionistische Ansatz von Helmolts („Kultur wird reproduziert und modifiziert"), welcher – wie wir im Lauf der Arbeit noch sehen werden – von den Studierenden später kaum noch aufgegriffen wird. Gleichzeitig beschreibt sie in ihrer Definition, dass Kultur und Handlung einer Reziprozität unterliegen, womit erneut der Bezug auf das Individuum deutlich wird, welches in einer Interaktionssituation maßgeblich an der Realitätskonstituierung – und somit Herstellung von Kultur – beteiligt ist.

Die Kulturauffassung von Helmolts deckt sich partiell mit der von Thomas (2005): „Kultur beeinflusst das Wahrnehmen, Denken, Werten und Handeln aller Mitglieder der jeweiligen Gesellschaft." (Thomas 2005, 22). Beide Definitionen gehen von einer gemeinsamen Basis von zumeist unbewussten Mustern innerhalb einer Gruppe oder Gesellschaft aus. Auch geht Thomas auf die Relation zwischen Kultur und Handlung ein: „Das kulturspezifische Orientierungssystem schafft einerseits Handlungsmöglichkeiten und Handlungsanreize, andererseits aber auch Handlungsbedingungen und setzt Handlungsgrenzen fest." (ebd.)[2]. Thomas betont in stärkerem Maße die Determinierung durch Kultur. Dem Individuum werden gewisse Gestaltungsmöglichkeiten zugeschrieben: Mittels „Innovation" kann das Individuum seine Realität innerhalb der Normen ändern (ebd., 23). In interkulturellen Situationen jedoch schwindet diese Innovationskraft (ebd., 24) – ein wichtiger Unterschied zur Definition von Helmolts, welche eben gerade durch den interaktionistischen Ansatz aufgrund der Handlungen Kultur, unabhängig von der Zugehörigkeit der Gruppenmitglieder, entstehen lässt.

Den Unterschied zwischen den Kulturen fokussiert die Definition Hofstedes. Er spricht von der Kultur als der „kollektiven Programmierung des Geistes, die die Mitglieder einer Gruppe [...] von Menschen von einer anderen unterscheidet" (Hofstede 1993, 19). Trotz seiner zumeist auf die gesamte Gruppe bezogenen Aussagen über Kultur in der oft zitierten, von ihm geleiteten Untersuchung über arbeitsrelevante Einstellungen und Werte, gesteht er dem Individuum zu, von den kulturell bedingten Grundmustern „abzuweichen und auf eine neue, kreative, destruktive oder unerwartete Weise zu reagieren" (ebd., 18). Wie wir noch sehen werden, ist den Studierenden auch dieser auf das Individuum bezogene Ansatz Hofstedes oft nicht bewusst.

[2] zum Theorem der Kanalisierung von Handlungen durch die Kultur vgl. Eckensberger 1996, 185-187.

Eine andere bei den Studierenden bekannte Kulturdefinition ist die *Silent Language* von Edward T. Hall (Hall 1990). Da die Studentinnen und Studenten häufig auf die Kulturdimensionen von Hall Bezug nehmen, ist es angebracht, seine Sichtweise auf die Kultur darzulegen. Hall (1990) beschreibt die *Silent Language*, als die komplexe, nonverbale Kommunikation: So sprechen Menschen nicht nur miteinander, sie benutzen auch ‚Wörter' aus einem „universe of behavior that is unexplored [and] unexamined" (Hall 1990, vii). Der Fokus der Hall'schen Kulturdefinition liegt jedoch vor allem auf der Aussage, dass diese *Silent Language* außerhalb der Bewusstseinspflicht liegt, sie aber dennoch neben den Worten eine wichtige Kommunikationsbotschaft sendet[3]. Konkret bedeutet dies für die Kommunikation von Individuen, dass sie stets neben dem Gesagten auch bestimmte Körpersignale senden, die vom Gegenüber auf eine determinierte Art und Weise interpretiert werden. Dies erfolgt in der Regel ohne Probleme, da aufgrund des „gemeinsamen Bestandes an Denkmustern und Werthaltungen" (von Helmolt 1997, 16) die Interpretationen des Empfängers mit den Intentionen des Senders übereinstimmen. Interkulturelle Kommunikationssituationen stellen dabei einen Sonderfall dar, da hier nicht vorausgesetzt werden kann, dass dieser gemeinsame Bestand vorhanden ist.

Die Definition von Interkulturalität ist bereits in den vorangegangen Begriffsbestimmungen implizit erfolgt. In allen wird von einer Gruppe von Menschen ausgegangen, die sich von einer anderen Gruppe von Menschen unterscheidet. Hall bildet dabei eine Ausnahme, der zunächst noch von einer kulturunabhängigen Definition seiner *Silent Language* spricht (Hall 1990, vii). In den meisten Studien wird vereinfacht Nationalkultur als das Unterscheidungsmerkmal angesehen, doch ist es mittlerweile Konsens, dass ein Individuum diversen, auch intranationalen, Kulturen angehören kann[4]. Auch den Studierenden, die das vorliegende empirische Material verfassten, ist dieser Konsens aus der Vorlesungsreihe bekannt. Somit entsteht Interkulturalität immer dort, wo zwei Mitglieder unterschiedlicher Gruppen aufeinander treffen und in Interaktion treten.

Um meine Argumentationslinien in den Kapiteln 4 und 5 nachvollziehen zu können, möchte ich diesen Definitionen noch einige Erweiterungen hinzufügen, die, wie spä-

---

[3] die Überschneidung mit dem Axiom Watzlawicks „Man kann nicht nicht kommunizieren" (Watzlawick / Beavin / Jackson 1996, 53) ist nicht zu übersehen.

[4] für einen Überblick über diverse Kulturebenen vgl. Köppel 2002, 22-30.

ter noch deutlich wird, den Studierenden bei der Aufarbeitung ihres Auslandsaufenthaltes nicht unmittelbar bewusst waren. Ein Aspekt der Kulturherstellung, nämlich die Interpretationsfähigkeit und –notwendigkeit der an der Interaktion Beteiligten, nimmt Straub in seine Definition auf: „Kultur ist [...] ein komplexes Gewebe aus zahllosen aufeinander bezogenen und verweisenden, wissensbasierten, dynamischen *Praktiken und Praxisfeldern*, die [...] interpretativ erschlossen werden [müssen]." (Straub 2007, 16, Hervorhebungen im Original). Er verdeutlicht die innere Verwobenheit der Handlungen sowie der Interpretationen, die einfachen Analysemechanismen von insbesondere interkulturellen Interaktionssituationen theoretisch die Grundlage entziehen. Die Relation zwischen Individuum und Kultur fokussieren Demorgon und Molz. Sie beschreiben, dass die handelnden Subjekte nie vollständig von ihrer Kultur beeinflusst werden, jedoch auch nicht vollkommen unabhängig sind (Demorgon / Molz 1996, 49). Schärfer formuliert es noch Kessen, der auch die Verbindung zwischen den Menschen und ihrer Kultur ins Auge fasst: „Die Ausprägung der jeweils eigenen Kultur entsteht bei jedem Menschen als Reflexion und Reaktion auf systemische Umwelteinflüsse, und damit fällt sie auch bei jedem unterschiedlich aus. [...] In letzter Konsequenz ist jeder Mensch seine eigene Kultur." (Kessen 2004, 124). Wichtig erscheint mir bei all diesen Definitionen, dass sie das Individuum eingebettet sehen in ein komplexes Geflecht aus teilweise kulturell bedingten Vorgaben, aber auch individuellen Interpretationen und somit unterschiedlich ausfallenden Handlungsoptionen. Kultur spielt hier überall eine gewichtige Rolle, sie wird jedoch nie als das wichtigste konstituierende Element einer Situation beschrieben. Solch ein Verständnis von Kultur erfordert in einer Analysesituation eine methodisch breit angelegte Herangehensweise, die nicht nur die Kultur als möglichen Auslöser einer problematischen Situation fokussiert, sondern vor allem auch individuelle und situationsbezogene Faktoren berücksichtigt.

2.2 Critical Incidents

Die zentrale Problemstellung dieser Arbeit ist die Analyse studentischer *critical incidents* und ihrer Reflexionen. Die *incidents* wurden als Seminararbeit im Rahmen einer Vorlesung gesammelt, die am Fachbereich Sprachen der Westsächsischen Hochschule Zwickau gehalten wurde. Eine genaue Beschreibung des empirischen

Materials wird unter 3.1 vorgenommen. Aufgrund der zentralen Stellung des Begriffes *critical incident* in dieser Arbeit soll dieser im Folgenden näher bestimmt werden. Dabei ist es nötig, zwischen der Definition, die allen Studierenden für ihre Seminararbeit zugänglich war, und einer Begriffsbestimmung, die von mir aus einer Symbiose von diversen wissenschaftlichen Definitionen gewonnen wurde, zu unterscheiden.

2.2.1 Vorgegebene Definition

Nach ihrem obligaten Auslandsaufenthalt lag den Studierenden zu Beginn ihrer Beschäftigung mit den *critical incidents* im Wintersemester 2007 / 2008 die unten stehende Definition vor. Sie stammt nicht mehr von Prof. von Helmolt, da durch ihre Berufung an eine andere Hochschule ein Dozentenwechsel im Fach *Intercultural Studies and Training* stattfand. Die Definition war allen Studierenden via internes Hochschulnetz zugänglich:

> „**Critical Incidents** kann verkürzt als das Sammeln von Situationen, **die entweder als problematisch oder besonders gelungen angesehen werden**, mit dem Ziel, praktische Probleme zu lösen und einen Beitrag zur Entwicklung und Förderung von Kompetenzen zu liefern. Als ‚Kritisch' ist eine Situation dann anzusehen, wenn für einen der Beteiligten daraus negative Konsequenzen entstehen, ‚besonders gelungen' ist sie dann, wenn für einen oder mehrere Beteiligte sehr positive Konsequenzen entstehen. Durch eine genaue Analyse der kritischen Situationen wird Einsicht in Bewältigungs- und Verarbeitungsstrategien der Beteiligten möglich. Damit werden Ereignisse sichtbar, die einen starken Einfluss auf die jeweilige Aktivität haben." [sic!] (Fachbereich Sprachen 2008, o.S.; Hervorhebungen im Original)

Diese Definition von *critical incidents* ist die Begriffsbestimmung, die Göbel in einem Vortrag im Jahr 2003 verwendete (Göbel 2003, 1). Allerdings muss diese Definition in ihrem ursprünglichen Kontext gesehen werden: Göbel spricht über die Möglichkeiten der *Critical-Incident*-Methode[5], die sie selbst für ein eigenes Forschungsprojekt verwendet. Dies bedeutet, dass sie die *critical incidents* benutzt, um über eine Metaanalyse zur Beantwortung ihrer Forschungsfrage zum Thema bürgerschaftliches Engagement zu kommen. Diese Definition gilt somit nur für das von Göbel begleitete Forschungsprojekt im Rahmen des „Lernnetzwerks Bürgerkompetenz" und wurde auf einer Fachtagung desselben vorgestellt. Somit kann die obige Definition für Stu-

[5] siehe dazu Kapitel 3.1.2

dierende, die sich intensiv mit der Beschreibung und Analyse von *critical incidents* auseinandersetzen müssen, nur dann verwendet werden, wenn sie nicht die einzige Begriffsbestimmung bleibt und außerdem in der Vorlesungsreihe moderiert wird, da Klärungsbedarf hinsichtlich dieser konkreten Definition herrscht.

Bereits der Beginn des Zitates ist aus seinem Zusammenhang gerissen. So schreibt Göbel im Original: „Die Arbeit mit Critical Incidents kann verkürzt als das Sammeln von Situationen, [...] angesehen werden [...].“ (Göbel 2003, 1). Der Vergleich mit der Definition, die den Studierenden vorlag, zeigt, dass dort das Wort „Arbeit“ herausgenommen wurde. In der Schlussfolgerung ergibt sich, dass das Sammeln von Situationen auf die *Arbeit mit den critical incidents* bezogen ist, nicht aber der Begriff *critical incidents* bedeutet, verschiedene Situationen zu sammeln. Göbel unterscheidet weiterhin zwischen „kritischen“ und „gelungenen“ Situationen. Diese Unterscheidung geschieht hier bereits auf einer Metaebene. Sie obliegt also demjenigen, der mit der Sammlung der *incidents* ein bestimmtes Ziel verfolgt (bei Göbel die Beantwortung der Frage nach der Entwicklung von Kompetenzen für bürgerschaftliches Engagement), nicht aber den direkt beteiligten Autoren der *incidents*. Ich komme später noch einmal auf diesen Fakt zurück, da jene Unterscheidung zwischen „kritisch“ und „gelungen“ den Studierenden in ihren Arbeiten große Probleme bereitete. Es erfolgte also keine wirkliche Definition des Begriffes. Was nun genau ein *critical incident* bedeutet, kann aus diesem Ausschnitt nicht abgeleitet werden.

Zusammenfassend ist dieses Arbeitspapier als Definition für Studierende nur äußerst bedingt zulässig, es bedarf weiterer Erklärungen und einer intensiveren Diskussion. Aus diesem Grund stelle ich nun eine Synthese von verschiedenen wissenschaftlichen Begriffsbestimmungen von *critical incidents* vor, die Grundlage meiner Arbeit wird.

2.2.2 Eigene Definition

Bei der Zusammenstellung der einzelnen Meinungen über *critical incidents* war mir besonders wichtig, dass ein interaktionistischer Ansatz, getreu der Definition von Kultur wie oben gesehen, auch hier wieder in Erscheinung tritt, da nur dort Probleme oder kritische Situationen entstehen können, wo Interaktion stattfindet. Interagieren können Individuen mit Individuen oder auch mit Gegenständen. Um diese Verwirrung zu vermeiden, greife ich in meiner Definition auf den Begriff des „Aktors“ zurück. Glasl bezeichnet recht abstrakt „Individuen, Gruppen, Organisationen, etc.“

(Glasl 2004, 17, zit. in Ramsauer 2007, 8) als Aktoren. Ich füge dem nun noch ‚kulturelle Artefakte' hinzu, da auch eine Kommunikation zwischen einer Person und einem Gegenstand möglich ist, die potenziell zu einer kritischen Situation heranwachsen kann.

Solche kritischen Situationen entstehen durch unterschiedliche Wahrnehmungsmuster ein und desselben Gegenstandes bei den Interaktanten (Lüsebrink 2005, 32). Dadurch kommt es zu Verzerrungen in der Bedeutungszuschreibung und folglich zu ungewohnten oder unerwarteten Reaktionen, welche wiederum bestimmte, zumeist negative Gefühle auslösen können (Glasl 2004, 17 zit. in Ramsauer 2007, 8). Würde aber der Partner über kulturelles Wissen im weitesten Sinne (kognitiv, affektiv und behavioral) verfügen, könnte er durch empathische Interpretation, also mittels Interpretation ‚durch die Augen des Partners', die Situation besser einschätzen und folglich seine negativen Gefühle minimieren. Zusammengefasst wird der Begriff *critical incident* für die vorliegende Arbeit folgendermaßen abgegrenzt:

(1) In einer Interaktionssituation kommuniziert mindestens eine Person mit einem Aktor aus einer anderen Kultur.

(2) Diese Kommunikation schlägt fehl (Hiller 2007, 51), d. h., die ursprüngliche Kommunikationsabsicht wird nicht oder nicht wie erwartet erreicht. Dadurch

(3) verspürt die Person Irritationen, welche die Interaktion mit dem Aktor bewusst oder unbewusst negativ beeinflussen. Infolgedessen wird die Situation ‚kritisch',

(4) d. h., die Person erlebt sie als unverständlich, rätselhaft, überraschend oder gar beängstigend (vgl. Fiedler et al. 1971, 97; Thomas 1993, 415 und Thomas 1996, 116). Schließlich wird

(5) diese Situation von der Person anders interpretiert, als dies ihre Interaktionspartner tun. Die Situation hätte aber bei ausreichender Kenntnis der kulturellen Besonderheiten der Interaktionspartner adäquat interpretierbar sein müssen, um das Kritische der Situation entschärfen zu können (vgl. Kinast 2005, 197 und Fiedler et al. 1971, 97).

Die hier dargestellten Merkmale eines *critical incidents* können aktuell in der Situation oder aber zeitlich in die Zukunft versetzt verlaufen. So können die Interaktionspartner aus ihrer Situation zufrieden herausgehen, stellen jedoch im Nachhinein fest, dass sie sich auf eine bestimmte Art und Weise missverstanden haben. Dadurch treten die unter (3) beschriebenen Irritationen und deren Folgen möglicherweise erst zeitversetzt auf. Unterschiedliche Wahrnehmungen und das Unverständnis über die Kommunikation insgesamt werden dann erst retrospektiv, d.h. wesentlich später, wirksam.

Die Begriffe ‚*critical incidents*' und ‚kritische Interaktionssituationen' werden synonym verwendet, da letzterer von Thomas in die deutschsprachige Literatur anstatt des englischen Begriffes eingeführt wurde (vgl. u. a. Thomas 1993).

2.3 Kulturdimensionen und Kulturstandards

In ihren Analysen arbeiten die Studierenden mehrheitlich mit den Erklärungsalternativen ‚Kulturdimensionen' und ‚Kulturstandards'. Diese Konzepte nach Edward T. Hall und Geert Hofstede (Kulturdimensionen) sowie nach Alexander Thomas (Kulturstandards) wurden bereits in zahllosen Publikationen erläutert[6] und teilweise kritisch kommentiert[7]. Aus diesem Grund konzentriere ich mich hier ausschließlich auf die Definition der Begriffe, um auch hier eine gemeinsame Arbeitsgrundlage zu schaffen. Layes bezeichnet die von Edward T. Hall 1966 erstmals vorgestellten Kulturdimensionen als „grundlegende Dimensionen menschlichen Zusammenlebens" (Layes 2000, 63). Unterscheidungen von Kulturen sind demnach auf der Ebene des Verhaltens von Menschen möglich (Köppel 2002, 68). Diese Auffassung impliziert, dass Vertreter ihrer Kultur (hier: Nationalkultur) alle ein gleiches grundlegendes Verhaltensmuster in einer Interaktionssituation zeigen. Sie alle reagieren in einer gewissen Bandbreite ähnlich auf systemische Reize und Umwelteinflüsse und sind dadurch „gezwungen, hinsichtlich dieser Grunddimensionen bestimmte Handlungsstandards zu entwickeln" (Layes 2000, 63). Hall unterscheidet demnach die Kulturen bezüglich ihres Umgangs mit Raum (Proxemik), Zeit (polychrones vs. monochrones Zeitverständnis) und Kontext (Low-Context- vs. High-Context-Kommunikation). Ein noch „griffigeres Kulturmodell" (Layes 2000, 63) entwickelte Geert Hofstede mit seiner Studie über multinationale Arbeitsgruppen in einem global agierenden Großunternehmen. Auch er bezieht sich auf die Analyseeinheit ‚menschliches Verhalten' und unterscheidet ebenso auf der Ebene der Nationalkultur. Durch eine Befragung

[6] einen Überblick bietet beispielsweise Köppel 2002.

[7] siehe u. a. Straub 1999, Layes 2007 sowie Bolten 2001.

der Mitarbeiter des Unternehmens IBM erhielt Hofstede Antworten, die er einer Faktorenanalyse unterzog, und konnte somit korrelationsstatistische Ergebnisse erreichen, die sich in einer quantifizierbaren ‚Rangfolge' von Kulturen darstellen lassen, aus der sich dann wiederum der Kulturvergleich ableiten lässt. Hofstede distinguiert Kulturen in seinem 1980 erschienenen Werk „Culture's Consequences" nach folgenden Dimensionen: Machtdistanz, Individualismus vs. Kollektivismus, Unsicherheitsvermeidung, Maskulinität vs. Feminität sowie (als Erweiterung seiner Theorie 1991 hinzugefügt) Langzeitorientierung.

Dem gegenüber steht das Konzept der Kulturstandards von Alexander Thomas. Zwar ist dieses den Kulturdimensionen nicht unähnlich, doch werden die Kulturstandards jeweils im direkten Vergleich zweier konkreter Kulturen herausgearbeitet. Thomas definiert Kulturstandards wie folgt:

> „Kulturstandards sind Arten des Wahrnehmens, Denkens, Wertens und Handelns, die von der Mehrzahl der Mitglieder einer bestimmten Kultur für sich und andere als normal, typisch und verbindlich angesehen werden. Eigenes und fremdes Verhalten wird aufgrund dieser Kulturstandards gesteuert, reguliert und beurteilt. [...] Die individuelle und gruppenspezifische Art und Weise des Umgangs [...] kann innerhalb eines gewissen Toleranzbereiches variieren." (Thomas 2005, 25).

Auch hier finden wir wieder das menschliche Verhalten als Bezugsbasis des Kulturvergleichs, der sich wiederum auf der Ebene der Nationalkultur vollzieht. Für die vorliegende Arbeit ist die Methodik, die hinter den Kulturstandards steht, interessant. Thomas leitet aus *critical incidents*, die von Angehörigen einer Kultur A in einer fremden Kultur B geschildert wurden, bestimmte Verhaltensstandards ab. Nach einer Verifizierungsstufe, in die Angehörige der Kultur B involviert sind, fasst Thomas diese Verhaltensstandards als Kulturstandards kontrastiver Art zusammen, d. h., sie gelten nur für den Kontext der jeweils beidseitig im Fokus stehenden Kulturen, daher auch der oben angesprochene bikulturelle Vergleichsmodus (vgl. Hiller 2007, 41). Es ist an dieser Stelle wichtig zu unterstreichen, dass aus den *critical incidents* die Kulturstandards abgeleitet werden.

Eine kurze Zusammenfassung der Konzepte ergibt Folgendes: Alle unterscheiden auf der Ebene der Nationalkultur das Verhalten von Menschen. Sie arbeiten mit Kategorien, in die sich die jeweils betrachteten Kulturen einordnen lassen, zum Teil besteht die Möglichkeit, Rangfolgen bezüglich bestimmter Kategorien zu erstellen. Zweifelsohne haben diese Arbeiten einen wichtigen Beitrag zur Weiterentwicklung der interkulturellen Kommunikation geliefert. So halten insbesondere Kulturstandards „gerade für die Praxis eine Reihe von attraktiven Vorzügen [parat], wie direkte Lösungsrelevanz, lebensnahe Strukturierung der Problemsituation [oder] geringe Anforderung an die Transferkompetenz“ (Krewer 1996, 149). Gleiches gilt durchaus auch für die Kulturdimensionen. Dennoch sahen sich diese Konzepte, wie eingangs bereits erwähnt, zahlreichen Kritiken gegenüber. Es erscheint angebracht, hier die wichtigsten Kritiken zusammenzufügen, die für die vorliegende Arbeit als relevant erscheinen.

Bolten warnt insbesondere bei der Anwendung der Kulturdimensionen vor einer „Übergeneralisierung“ (Bolten 2001, o. S.). Das Individuelle wird ausgeblendet, die abstrakten Rangfolgen suggerieren leichte Vergleichbarkeit, ohne auf die Interaktanten achten zu müssen (ebd.). Die Warnung vor der Gefahr der Stereotypisierung durch die beiden Konzepte erscheint fast schon obligat; sie ist real aber auch durch die Ausblendung der individuellen Ebene als zusätzliche Erklärungsalternative vorhanden. So verweist auch Bolten darauf, dass Kulturen keine „Container [sind], sondern Produkte interkulturell vernetzten Handelns“ (ebd.), d. h. das Individuum kreiert Kultur in der Interaktion mit anderen Interaktanten – die Parallele zur Kulturdefinition von Helmolts ist nicht zu übersehen. Die andere, hinlänglich bekannte, Kritik zielt auf die in den Konzepten vorgenommene Gleichsetzung der Begriffe Kultur und Nation ab. Bereits Demorgon und Molz verweisen auf unterschiedliche Kulturen bei den Interaktanten, insbesondere darauf, dass „Individuen […] nie ‚monokulturell‘ [sind]“ (Demorgon / Molz 1996, 63). Dadurch könnte sich auch erklären, warum Folgeuntersuchungen ergaben, dass intrakulturell große Disparitäten hinsichtlich der angenommenen Kulturdimensionen herrschen (Ramsauer 2007, 21-22). Die gleiche Kritik äußert Straub, der davor warnt, intrakulturelle Unterschiede „kurzerhand glattzubügeln“ (Straub 1999, 188). Somit können drei zentrale Punkte, die für die vorliegende Arbeit von Bedeutung sind, als Kritik festgehalten werden:

- Konzentration auf ‚Nation‘ als kulturelles Abgrenzungsmerkmal
- Gefahr der Stereotypisierung
- Ausblendung der individuellen Handlungsebene als Erklärungsalternative.

Da die Konzepte Kulturdimensionen und Kulturstandards ebenso Gegenstand der unter 3.1.1 geschilderten Vorlesungsreihe waren, muss davon ausgegangen werden, dass den Studierenden die Konzepte und deren Theorien, insbesondere auch ihre Kritik, bekannt waren. Vor allem im metaanalytischen Teil dieser Arbeit komme ich noch einmal auf diese Punkte zurück.

2.4 Studentische Selbstanalyse vs. Metaanalyse

Um keine Verwirrung aufkommen zu lassen, grenze ich die von mir gewählten Begriffe ‚studentische Selbstanalyse' und ‚Metaanalyse' voneinander ab. Unter der studentischen Selbstanalyse verstehe ich im Folgenden die Analysen, die die Studierenden über ihre eigenen *critical incidents* vornahmen. Wie im Punkt 3.1.1 genauer beschrieben, wurden die Studierenden gebeten, nicht nur die erlebten kritischen Interaktionssituationen zu schildern, sondern eine Analyse darüber anzufertigen. Diese Analyse ist aufgrund ihres autobiografischen Charakters als ‚studentische Selbstanalyse' bezeichnet worden. Die von mir durchgeführte Analyse bezeichne ich als Metaanalyse. Sie umfasst jedoch nicht nur die Selbstanalyse der Studierenden, sondern auch die Analyse der Beschreibungen der *critical incidents* und die gegebenen Lösungsvorschläge. Sie umspannt quasi die gesamten kritischen Betrachtungen der studentischen Seminararbeiten, daher ist der Punkt 4 auch mit dem Begriff ‚Metaanalyse' überschrieben, welcher sich in die drei genannten Unterpunkte Beschreibungen, studentische Selbstanalyse und Lösungsvorschläge untergliedert.

3 Vorbereitung der Empirie

3.1 Das empirische Material

3.1.1 Entstehungshintergrund und Aufbau

Das in dieser Arbeit verwendete empirische Material entstammt der Vorlesung *„Intercultural Studies and Training“* an der Westsächsischen Hochschule Zwickau. Die Studierenden des Fachbereichs Sprachen, an dem diese Vorlesung gehalten wird, durchlaufen in ihren Studiengängen Wirtschaftsfrankoromanistik, Wirtschaftshispanistik und Wirtschaftssinologie (jetzt *Bachelor „Languages and Business Administration“*) ein intensives interkulturelles Training, bevor sie ihr drittes Studienjahr in zwei obligaten Auslandssemestern (einem Studien- und einem praktischen Semester) verbringen.[8] Vor Ort können sie nicht nur die Sprache wesentlich verbessern, sondern lernen, mit interkulturellen Situationen adäquat umzugehen. Im siebenten Semester wird in der o.g. Vorlesung das Auslandsjahr ausgewertet. In diesem Rahmen entstand nun das vorliegende Material.

Die Studierenden der Wirtschaftsfrankoromanistik und Wirtschaftshispanistik wurden gebeten, in einer schriftlich anzufertigenden Arbeit zwei *critical incidents* aus ihrem Auslandsjahr zu beschreiben, zu interpretieren und Lösungsmöglichkeiten aufzuzeigen. Die Seminararbeit wurde in der Vorlesungsreihe nicht weiter moderiert. Den Studierenden stand für die Erstellung nur die folgende vollständig dargestellte Arbeitsanweisung zur Verfügung, an welcher sie sich hauptsächlich orientieren konnten:

> „**Critical Incidents** kann verkürzt als das Sammeln von Situationen, **die entweder als problematisch oder besonders gelungen angesehen werden,** mit dem Ziel, praktische Probleme zu lösen und einen Beitrag zur Entwicklung und Förderung von Kompetenzen zu liefern. Als ‚Kritisch' ist ein Situation dann anzusehen, wenn für einen der Beteiligten daraus negative Konsequenzen entstehen, ‚besonders gelungen' ist sie dann, wenn für einen oder mehrere Beteiligte sehr positive Konsequenzen entstehen. Durch eine genaue Analyse der kritischen Situationen wird Einsicht in Bewältigungs- und Verarbeitungsstrategien der Beteiligten möglich. Damit werden Ereignisse sichtbar, die einen starken Einfluss auf die jeweilige Aktivität haben.

---

[8] dazu ausführlich von Helmolt 2007, 769.

Fragenkatalog:

1. Beschreibung des Ereignisses
2. Wie kam es zu dem Ereignis? – Wann kam es zu dem Ereignis?
3. Beschreibung relevanter Details - Was taten die Beteiligten, was unterließen Sie, was besonders effektiv oder ineffektiv war?
4. Liste der Menschen, die beteiligt waren
5. Eigene Rolle in der Situation
6. Analyse des Vorfalls: Was wurde daraus gelernt? Was hätte man besser machen können? Welches Ergebnis folgte aus der geschilderten Begebenheit? Warum war das Handeln effektiv oder was hätte man tun können, um noch effektiver zu sein?“ (Fachbereich Sprachen 2008, Hervorhebungen im Original)

Die hier angegebene Definition von *critical incidents* wurde bereits im Punkt 2.2 diskutiert. Interessant ist der Fragenkatalog, der für die Studierenden hinzugefügt wurde. Beim Lesen der einzelnen studentischen Arbeiten wird deutlich, dass sich die Studierenden hauptsächlich an diesen Fragen orientierten und sie zumeist implizit in ihre Arbeiten einbanden. So erklärt sich auch die oft wiederkehrende Struktur der einzelnen Seminararbeiten, denn sie spiegelt die hier aufgezeigten Fragen wider. Dies wiederum ist für die Analyse des Materials sehr hilfreich, liegt doch damit, formell gesehen, ein recht homogenes Material vor. Zunächst beschreiben die Studierenden ihre *critical incidents*; dem schließt sich in der Regel eine Interpretation unterschiedlichen Ausmaßes an. Die Arbeit wird von den meisten Studentinnen und Studenten mit einem oder mehreren Lösungsvorschlägen beendet. Ein Theorieteil war nicht Pflicht, es gibt wenige der insgesamt 39 vorliegenden Arbeiten, welche auf bestimmte Aspekte der Theorie der interkulturellen Kommunikation eingehen.

3.1.2 Theoretischer Hintergrund: Die *Critical Incident Technique*

Die folgende Beschreibung der Theorie, welche den Seminararbeiten zugrunde liegt, ist von Punkt 3.2.1 ‚Aufbereitung des Materials und methodisches Vorgehen‘, welcher sich auf die Analyse des hier beschriebenen empirischen Materials bezieht, zu unterscheiden. Das Material selbst ist in zwei methodisch unterschiedliche Teile gegliedert: Die Beschreibungen der *critical incidents* stellen eine andere methodische Herangehensweise dar als die sich anschließende Selbstanalyse und die vorgeschlagenen Lösungsmöglichkeiten der Studierenden.

Die Seminararbeiten entstanden im Sinne der von Flanagan (1954) erstmals vorgestellten *Critical Incident Technique (CIT)*, welche 1971 von Fiedler, Mitchell und Triandis auf die interkulturelle Kommunikation übertragen wurde (Layes 2007, 384). Die CIT *„consists of a set of procedures for collecting direct observations of human behavior in such a way as to facilitate their potential usefulness in solving practical problems"* (Flanagan 1954, 327). Ein großer Vorteil der CIT besteht nach Chell in der direkten Verknüpfung des Ereignisses mit seinem Kontext (Chell 1998, 68). Die Begebenheit ist in ihrem Entstehungsprozess nachvollziehbar und kann Einblicke in die Emotionen der einzelnen Beteiligten bieten. Die so gewonnenen studentischen *critical incidents* geben nicht nur Informationen darüber, welche Situationen Probleme bereiteten, sondern auch, in welchem Umfeld sie entstanden und welche Auswirkungen sie auf den Beobachter direkt hatten. Die daraus resultierende subjektive Sichtweise auf das Problem stellt keinen Nachteil der Methode dar, sondern ist vielmehr Absicht. Ein Ziel der *Critical Incident Technique* ist *„to gain an understanding of the incident from the perspective of the individual, taking into account cognitive, affective and behavioural elements"* (Chell 1998, 56).

Eine Besonderheit stellt die Verwendung dieser Technik allerdings dar: So ist normalerweise das Ziel der Anwendung der CIT „einen prototypischen und [...] aus deutscher Sicht charakteristischen Interaktionsverlauf" (Thomas 2005, 29) herauszufinden. Im vorliegenden Fall jedoch werden individuelle kritische Interaktionssituationen im Sinne Dants verwendet, um den Studierenden die Möglichkeit zu geben *„to [...] learn from their own critical incidents in the process of reentry adaptation"* (Dant 1995, 141). Dieser Fakt gilt gleichermaßen für die selbstanalytischen Abschnitte in den Seminararbeiten sowie für die Erarbeitung der eigenen studentischen Lösungsvorschläge.

Die Selbstanalyse der Studierenden beinhaltet das Nachdenken über die eigenen Handlungen im Rahmen des Kontextes, in welchem das Problem entstand. Eckensberger bescheinigt jedem handelnden Subjekt eine potenzielle Selbstreflexivität. Sie ist es, die ein Individuum überhaupt dazu befähigt, über seine Handlungen und seine Existenz, ergo auch seinen Status in einer sozialen Gruppe, nachdenken zu können (Eckensberger 1996, 174)[9]. Gleichzeitig sind eben solche Reflexionen über kulturelle Eigenheiten anderer sowie über die eigenkulturellen Gewohnheiten wesent-

[9] zum besseren Verständnis des Individuums als handelnde Einheit vgl. auch Eckensberger (1992)

liche Voraussetzungen, um zu einem interkulturellen Verständnis gelangen zu können (Bennett 1993, o.S., zit. in Göbel 2001, 173).

Aufgrund des eingangs beschriebenen interkulturellen Trainings, welches die Studierenden durchlaufen, und den gerade beschriebenen theoretischen Aspekten erscheint es legitim, die Studentinnen und Studenten nach dem Auslandsjahr um eine Evaluation ihrer eigenen kritischen Interaktionssituationen zu bitten. Somit kann überprüft werden, ob sie nach dem Training und der praktischen Erfahrung im Umgang mit *critical incidents* in der Lage sind, eben solche Interaktionssituationen interkulturell einschätzen zu können. Quasi nebenbei wird den Studierenden außerdem die Möglichkeit eingeräumt, in einem angemessenen Rahmen Auskunft über ihre Erlebnisse aus dem Auslandsjahr zu geben, ein nicht zu vernachlässigender Beitrag zur hochschulinternen Nachbereitung des so wichtigen Teils des studentischen Curriculums.

3.2 Vorbereitungen der Metaanalyse

3.2.1 Aufbereitung des Materials und methodisches Vorgehen

Die insgesamt 39 Arbeiten wurden zunächst reduziert und anonymisiert, d. h. Deckblätter sowie Literaturverzeichnisse wurden entfernt und die Namen unkenntlich gemacht, um Rückschlüsse auf die Autoren für Externe nicht mehr zuzulassen. Die einzelnen *critical incidents* wurden jedoch nicht getrennt, sodass beide geschilderten Episoden des gleichen Autors sowie eventuelle einleitende Worte und Fazits noch im Zusammenhang erkenntlich sind. Dies war für die Metaanalyse hilfreich, da so ein umfassenderes Bild über die Position des Autors zur interkulturellen Kommunikation ersichtlich wurde. Das nun reduzierte Material wurde nummeriert, die einzelnen *critical incidents* erhielten ebenso eine fortlaufende Nummerierung. So verweist beispielsweise die Codierung 24/1 auf den ersten *critical incident* der Seminararbeit 24. Das so aufbereitete Material konnte nun der Metaanalyse zugeführt werden, welche im Kapitel 4 ausführlich beschrieben wird. Vorab wird das methodische Vorgehen dargestellt.

Die Analyse des gesamten Materials folgt grundlegend der qualitativen Inhaltsanalyse (Mayring 2000a, b oder Atteslander 2006), wird jedoch auf die spezifischen Belange der Diplomarbeit adaptiert. So schließe ich mich der Meinung Grieses an, dass die von Mayring u. a. geforderte statistische Reliabilität sowie andere quantitative

Merkmale nicht ohne Weiteres auf die qualitative Forschung übertragen werden können (Griese 2005, 13). Nach der Durchsicht des gesamten Materials wurden alle relevanten *critical incidents* induktiv gewonnenen Kategorien zugeordnet, um eine Häufung von Problemfeldern zu erkennen. Hierbei steht insbesondere die Gefahr der subjektiven Sichtweise im Raum. Fichten und Dreier verweisen darauf, dass gerade induktiv gewonnene Kategorien im Team erarbeitet werden sollten, um „subjektive Verzerrungen zu vermeiden“ (Fichten / Dreier 2003, [47; 48]). In diversen Konsultationen mit den Betreuern der vorliegenden Arbeit sowie externen Diskussionen wurde dieser Forderung Rechnung getragen.

Grundsätzlich fühle ich mich dem Paradigma der qualitativen Forschung verpflichtet: Das Material wird einer emischen Analyse unterzogen, d. h., es ist Ausgangspunkt für die Bildung von Hypothesen und Kategorien. Daraus folgend ergibt sich, dass auch gewonnene Erkenntnisse aus dem Material abgeleitet und darauf wiederum reflexiv angewandt werden können.

3.2.2 Zugang via Fragenkatalog

Um einen adäquaten Zugang zum Material zu schaffen, wurde ein Leitfaden mit Fragen erstellt, welcher der unter Punkt 3.1.1 beschriebenen Struktur des Materials folgt. Der Leitfaden gliedert sich in 4 Teile. Zunächst wird im Teil A die studentische Beschreibung des *incidents* genauer analysiert. Interessenschwerpunkte sind das angesprochene zentrale Thema sowie wann und in welchem Kontext der *incident* stattfand. Teil B hinterfragt die studentische Selbstanalyse. Hier liegt insbesondere der Fokus auf der Frage „Welchen Ansatz der Analyse wählte der Student?“ um herauszufinden, welches theoretische Konzept die Studierenden in ihren eigenen Analysen verwenden. Gleichzeitig gibt Teil B Aufschluss über die Interpretationsfähigkeit der Studierenden. Dabei ist zu beachten, dass Frage B.4 eine sehr stark normierende Eigenschaft besitzt. Sie wurde dennoch im Leitfaden belassen und im Bewusstsein ihrer Subjektivität dementsprechend mit Vorsicht und der dafür notwendigen Selbstreflexivität des Forschenden in der Metaanalyse verwendet. Der sich anschließende Teil C zeigt vor allem die Lösungen bzw. Lösungsvorschläge auf. Für die Metaanalyse ist es wichtig zu wissen, ob der Student den *critical incident* vor Ort lösen konnte und wenn ja, auf welche Weise bzw. wenn nicht, welche Lösungsmöglichkeiten er in der nachgelagerten Analyse vorschlägt. Dies tangiert vor allem die Fähigkeit der Studierenden, die interkulturellen theoretischen Konzepte mit der Situation vor Ort zu verknüpfen, um eine Lösung für den *incident* zu finden. Der letzte Teil D ist ein allgemein gehaltener Frageteil, welcher auch die Frage beinhaltet: „Handelt es sich hier um einen *critical incident* der Definition nach?" Dies bezieht sich auf die unter Punkt 2.2 ausführlich diskutierten Definitionsvorschläge des Begriffes *critical incident*. Des Weiteren gibt Teil D Auskunft über die Position des Studenten zur interkulturellen Kommunikation, da er vor allem die rahmenden Textteile, d. h. Einleitungen, Fazits und Schlusswörter, untersucht. Wohlwissend, dass Frage 4 im Teil D („Wie ist der allgemeine Eindruck beim Lesen?") eine hochgradig subjektive Frage ist, entschied ich mich dennoch dafür, sie im Leitfaden zu belassen, da sie die Möglichkeit bietet, spontane Einschätzungen als Notiz zu vermerken. Mit dem Wissen um ihre Subjektivität kann diese Frage dann auch adäquat in die Metaanalyse vorsichtig mit einbezogen werden.

Leitfaden zur Analyse der einzelnen CIs

A. Die Beschreibung des Incidents

1. Welches zentrale Problem spricht der Student an?
2. Gibt der Student Hinweise auf seine emotionale Befindlichkeit vor, während oder nach dem incident?
3. Zu welchem Zeitpunkt fand der CI statt?
4. In welchem Kontext fand der CI statt?
5. Wie stark ist die Darstellung kontextuell untermauert?
6. Gibt es sonstige Besonderheiten oder Auffälligkeiten in der Beschreibung des incidents?

B. Die Analyse des incidents

1. Welchen Ansatz der Analyse wählt der Student?
2. Benutzt der Student verschiedene Interpretationsverfahren?
3. Werden in der Analyse Bewertungen über Personen oder kulturelle Gruppen vorgenommen?
4. Liegt eine offensichtliche Missinterpretation / Missanalyse des CIs vor?
5. Gibt es sonstige Besonderheiten oder Auffälligkeiten in der Analyse des Studenten?

C. Die Lösungen oder Lösungsvorschläge

1. Konnte der Student den CI vor Ort lösen? Wenn ja, wie? Wenn nein, warum nicht?
2. Welche Lösungsmöglichkeiten schlägt der Student im Nachhinein vor?

3. Werden verschiedene Lösungen vorgeschlagen oder konzentrieren sich die Möglichkeiten auf einen Sachverhalt?

D. Sonstige Fragen
1. Handelt es sich hier um einen CI der Definition nach?
2. Gibt der Student weitere Hinweise in Bezug auf seine Position zur interkulturellen Kommunikation?
3. Finden sich noch relevante Bemerkungen in einem Fazit / einem Schlusswort?
4. Wie ist der allgemeine Eindruck beim Lesen des CIs?

Die Auswertung des Materials ist in drei Etappen gegliedert. Die einzelnen kritischen Interaktionssituationen werden mit den oben gezeigten Fragen bearbeitet, damit zunächst ein Gesamtüberblick entsteht. Die Ergebnisse dieser ersten Auswertung finden sich im Punkt 4.1 wieder. Hierbei geht es zunächst um meist quantitativ orientierte Ergebnisse, beispielsweise der Frage nach dem Kontext der einzelnen Episoden und wie oft dieser insgesamt im Material auftaucht. Damit lassen sich erste Häufungen von Problemfeldern, Analysearten und Lösungsmöglichkeiten aufzeigen.

In einem zweiten Schritt werden die drei häufigsten Problemfelder anhand von Beispielen gezeigt, um einen Einblick davon zu bekommen, welchen Hauptschwierigkeiten die Studierenden in ihrem Auslandsjahr ausgesetzt waren. Anschließend werden die einzelnen *critical incidents* unter Zuhilfenahme des oben abgebildeten Leitfadens einer ausführlichen Analyse unterzogen, in welcher es dann um konkrete Fragestellungen geht, die sich aus dem Material ergeben. Diese mikroprozessualen Ergebnisse können im Punkt 4.3 ‚Metaanalytische Betrachtungen' eingesehen werden, welcher sich noch einmal in die Diskussionen hinsichtlich der studentischen Beschreibungen, der Selbstanalysen und der Lösungsvorschläge teilt. Die Schlussfolgerungen in Punkt 4.4 stellen in ihrem Mittelpunkt ein induktiv gewonnenes Konstrukt vor, welches die einzelnen Reflexionsstufen der Studierenden im Erleben und der nachgelagerten Wiedergabe der *critical incidents* darstellt. Diesem sogenannten Reflexionsstufenmodell wird das Modell von Krewer (1994) zum Fremdverstehen gegenübergestellt. Die Hinweise für die interkulturelle Lehre in Kapitel 5 ergänzen die Metaanalyse.

4 Metaanalyse des empirischen Materials

4.1 Erste Auswertung des empirischen Materials

Nach der ersten intensiveren Durchsicht der insgesamt 39 studentischen Arbeiten können zunächst mehr quantitativ orientierte Ergebnisse vorgestellt werden. Insgesamt liegen 87 kritische Interaktionssituationen von 39 verschiedenen Studierenden aus den Studiengängen Wirtschaftsfrankoromanistik und Wirtschaftshispanistik vor. Die Studierenden schildern *critical incidents* vorrangig aus der Zeit ihres Auslandsaufenthaltes, wobei sich sowohl die kritischen Interaktionssituationen aus dem ersten wie aus dem zweiten Auslandssemester die Waage halten: 34 Schilderungen stammen aus dem Studiensemester, 41 aus dem Praxissemester. Es existieren zwei Schilderungen, die vor dem Auslandsjahr stattfanden, zwei danach. Bei acht Situationen ist eine zeitliche Zuordnung aufgrund fehlender Angaben und auch fehlender Hinweise nicht möglich.

Das Themenspektrum der kritischen Interaktionssituationen ist erwartungsgemäß sehr breit gefächert. Die Studierenden berichten von Problemen beim Arbeiten mit französischen und spanischen Kommilitonen in Gruppenarbeiten, thematisieren immer wieder den Informationsfluss im Studium und Praktikum oder berichten über generelle Schwierigkeiten im Verrichten alltäglicher Dinge, wie z. B. dem Einkaufen beim Bäcker. Die Anhänge A 1 und A 2 geben einen Überblick über die *critical incidents*.

Von besonderem Interesse ist das Umfeld, in welchem die geschilderten *critical incidents* stattfanden, denn dieses lässt gegebenenfalls auf eine Häufung von kritischen Situationen in einem bestimmten Kontext schließen. So berichten 33 Episoden aus dem Praktikum, fast genauso viele (28) sind rein privater Natur. 17 von den insgesamt 87 *critical incidents* entstammen dem studentischen Umfeld. Dies beinhaltet sowohl Problemsituationen direkt an der Gastuniversität mit Studierenden oder Fakultätsangehörigen als auch Schwierigkeiten in studentischen Gruppenarbeiten, die partiell privat zu Hause durchgeführt wurden. Besonders diese Gruppenarbeiten sind häufig Gegenstand von Problemsituationen: Neun der 17 studentischen *critical incidents* handeln von schwierigen Gruppenarbeiten. Insgesamt elf Situationen können als semi-privat oder semi-öffentlich eingestuft werden. Unter diese letzte Kategorie fallen Episoden wie z. B. „Schlange stehen beim Bäcker", „Interview auf der

Straße“ oder „Kündigungsschreiben an das Wohnheim“. Zu einem *incident* ist die kontextuelle Zuordnung nicht möglich (CI 14/2). Dennoch ergeben sich klare Hauptschwerpunkte der Probleme: Sie liegen bei diesem Material in den beiden großen Feldern Praktikum und Freizeit.

Ein Kernpunkt der vorliegenden Arbeit beschäftigt sich mit der Frage, wie Studierende ihre *critical incidents* selbst analysierten. Vor allem hier gibt es Mehrfachnennungen, da knapp die Hälfte aller studentischen Selbstanalysen mehrere Ansätze verwendeten. Die angewandten Konzepte sind sehr variantenreich, auch wenn sich eine Methode als Standard sehr deutlich absetzt. Abbildung 1 gibt einen Überblick über die verwendeten Analysearten.

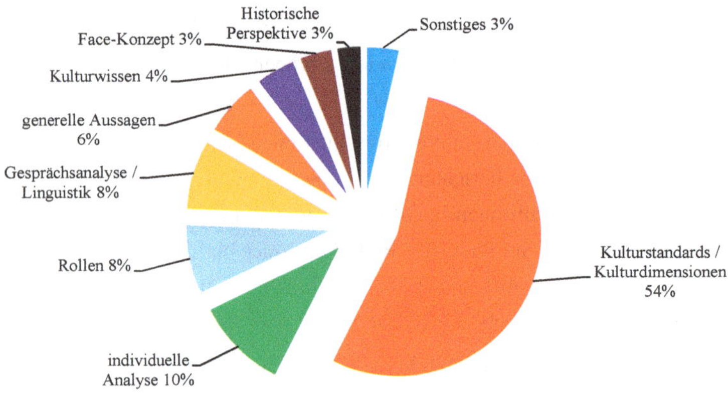

Abb. 1 Angewandte Konzepte der studentischen Selbstanalyse

So wurden insgesamt 62 Mal Kulturstandards und Kulturdimensionen als grundlegende Analyseart benutzt. Dabei waren – wie bereits unter 2.1 erwähnt – Hofstede, Hall und Thomas die meistgenannten Autoren. Mit großem Abstand folgen individuelle Analysen: 12 Studierende gingen zum Beispiel auf die emotionalen Befindlichkeiten der Teilnehmer ein oder thematisierten ihre Präferenzen im Umgang mit fremdkulturellen Personen. Das Rollenverhalten bzw. die eigene Position wurde neun Mal beleuchtet, weitere neun Einschätzungen nutzten die Gesprächsanalyse bzw. zogen Methoden der Linguistik zu Rate. In sieben Analysen trafen die Studierenden generelle Aussagen über die Arbeitsweisen („In XY wird immer so gearbeitet."), über das Verhalten oder über das Klima. Mit weiteren Nennungen kommen ‚Wissen über Kultur' (fünf), ‚Face-Konzept nach Goffman' (vier) und ‚historische Perspektive' (drei) als Kategorien in Betracht. Unter ‚Sonstiges' wurden mit vier Nennungen Erklärungen, Metakommunikation und das Vier-Ohren-Modell von Friedemann Schulz von Thun[10] subsumiert.

Konnten die Analysen trotz ihrer Diversität noch recht gut kategorisiert werden, fallen die vorgeschlagenen Lösungsmöglichkeiten so unterschiedlich aus, dass sie – um sie zunächst einmal beschreiben zu können – nur zu groben Kategorien zusammengefasst werden können (wobei auch hier Mehrfachnennungen auftreten), die zum besseren Verständnis in Abbildung 2 grafisch dargestellt sind. Die einzelnen Lösungsvorschläge müssen dann im Kontext des dazugehörigen *critical incidents* gesehen und mit der individuellen Situation des beteiligten Studenten in Zusammenhang gebracht werden. Denn stärker als die Analysen sind die vorgetragenen Lösungsvorschläge stark individualisiert.

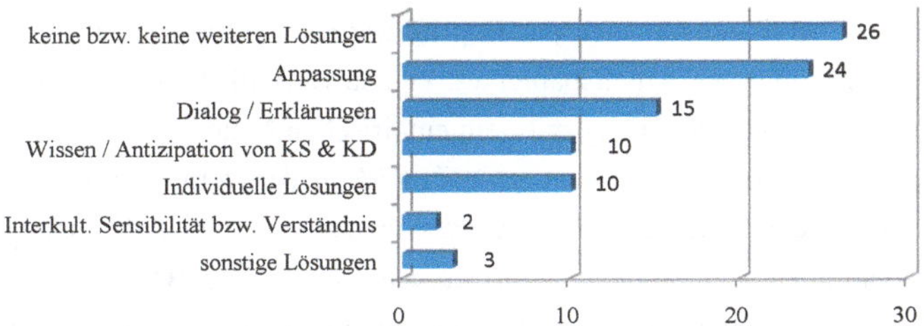

Abb. 2 Studentische Lösungsvorschläge

Eine intensive Auseinandersetzung mit den Lösungsvorschlägen findet im Punkt 4.3.3 ‚Diskussion der studentischen Lösungsvorschläge' statt; hier sollen sie zunächst nur beschrieben werden. Keine bzw. keine weiteren Lösungen fanden insgesamt 26 Studierende. Zweierlei Gründe liegen dafür vor: Einerseits wurde ad hoc in der Situation bereits eine Lösung gefunden, welche von den Studierenden heute noch als die adäquate interpretiert wird. Zum anderen gibt es studentische *critical incidents,* die bis heute keine mögliche Lösung gefunden haben, da sie nach wie vor als unverständ-

[10] dazu ausführlich Kumbier / Schulz von Thun 2006

lich angesehen werden. Die am häufigsten vorgeschlagene Lösungsvariante ist, sich den jeweiligen Gegebenheiten anzupassen. Darunter verstehen die Studierenden beispielsweise, die indirekte Art der französischen und spanischen Kommunikation zu übernehmen, um möglichen Problemen aus dem Weg zu gehen. Eng verbunden mit dieser Kategorie sind die Lösungsvorschläge, die unter ,Wissen und Antizipation von Kulturstandards / Kulturdimensionen' zusammengefasst wurden. Hier empfehlen die Studierenden, dass der Interaktant mit dem Wissen des jeweiligen Kulturstandards respektive der jeweiligen Kulturdimension mögliche Interferenzen antizipiert und sich somit in der Situation adäquat verhalten kann. 15 Studierende schlagen vor, die Situation mittels Dialog zu erklären bzw. das Problem direkt anzusprechen (,Metakommunikation'). Die Situation individuell zu lösen, d. h. auf die Interaktanten zugeschnitten, schlagen zehn Studierende vor, zwei geben als möglichen Ausweg interkulturelle Trainings bzw. ein erhöhtes interkulturelles Verständnis an. Unter die ,sonstigen Lösungen' fallen Lösungsvorschläge wie eine bessere eigene Vorbereitung auf den Auslandsaufenthalt, Ignorieren des Problems oder dem Geben von ,*face*'[11], um die Situation zu entschärfen.

In Kapitel 2.2 wurde bereits ausführlich der Begriff *critical incident* diskutiert und die beiden Vorschläge (internes Arbeitspapier vs. eigene Definition) gegeneinander abgegrenzt. Im direkten Zusammenhang mit dem empirischen Material steht nun die Frage im Raum, wie viele der Studierenden *critical incidents* der Definition nach eingereicht haben. Da bereits festgestellt wurde, dass in dem internen Arbeitspapier, welches den Studentinnen und Studenten vorlag, keine eindeutige Begriffsbestimmung vorgenommen wurde (vgl. Kapitel 2.2), nehme ich in dieser Aufstellung Bezug auf die als Synthese diverser Definitionen vorgeschlagene Bestimmung des Begriffes. Demnach sind 57 der vorgestellten *critical incidents* tatsächlich welche, 30 beschriebene Situationen entsprechen nicht der Definition. Unter die letzte Kategorie fallen beispielsweise Episoden, welche rundum positiv ausgefallen sind. Hier deutet sich bereits die Schwierigkeit an, die einige Studierende mit der im internen Arbeitspapier angegebenen Unterscheidung von „kritischen" und „besonders gelungenen" Interaktionssituationen hatten. Doch auch solche Situationen, die zwar im Kern kritisch waren, jedoch nicht auf kulturelle oder gar interkulturelle Gründe zurückgeführt werden können – wie etwa die Sauberkeit in der WG-Küche – wurden nicht als *critical*

[11] zum *face*-Konzept vgl. Kapitel 4.3.2.3.

incidents der Definition nach gewertet. Selbstverständlich ist damit nicht ausgeschlossen, dass eine dieser Situationen gerade *die* Schlüsselsequenz des Auslandsaufenthaltes für den einen oder anderen Studierenden war, doch ging es hier um ‚kritische Interaktionssituationen'. Folglich können nur solche in Betracht gezogen werden, die interkulturell ihren Beitrag zum (Selbst)Lernen beisteuern.

Die angesprochenen Themen sind sehr variantenreich, sie reichen von Problemen mit Kommilitonen und Kommilitoninnen in Gruppenarbeiten über Verständigungsschwierigkeiten bis hin zu abgebrochenen Kontakten zwischen den Angehörigen der Gastkultur und den deutschen Studierenden. Drei Hauptthemen kristallisieren sich in der ersten Analyse heraus: Die Schwerpunktprobleme lagen im gesamten vorliegenden Material hauptsächlich bei Gruppenarbeiten, dem Umgang mit Zeit und der Weitergabe von Informationen. Die drei Hauptthemen werden nun vor den intensiven metaanalytischen Betrachtungen ausführlicher dargestellt, um auch einen Blick auf ‚typische' Schwierigkeiten der Studierenden im Ausland zu erhalten, die sich aus dem Material ergaben.

4.2 Hauptproblemfelder im Auslandsjahr

4.2.1 Gruppenarbeiten

Die von den Studierenden wahrgenommenen Probleme traten vor allem in Gruppenarbeiten auf, welche alle nach den gleichen Schemata abliefen. Die Berichte darüber unterscheiden sich in ihrer Struktur kaum voneinander. Als Beispiele dienen CI 18/2 und 28/2[12] exemplarisch für alle anderen Gruppenarbeiten. Beiden geschilderten *incidents* ist gemein, dass die Erstellung von Präsentationen und Seminararbeiten in einer Gruppe mit französischen bzw. spanischen Studierenden zum Teil erhebliche Schwierigkeiten bereitete. Sowohl die Organisation als auch der Diskussionsstil gaben Anlass zu Irritationen. Ausführlich ist im Folgenden CI 18/2 dargestellt:

> „Im Rahmen einer Projektarbeit für das Fach „Transport Maritime" sollten wir uns in Gruppen aufteilen und jeweils eine große Maritime Gesellschaft vorstellen, sowie deren Arbeit dokumentieren. Für diese Aufgabe sollte man eine Hausarbeit schreiben und zusätzlich diese in einem Vortrag vor der gesamten Klasse präsentieren. Das Gruppenfinden ging sehr schnell und unkompliziert. In meiner Gruppe waren 5

[12] Alle zitierten *critical incidents* sind im Anhang vollständig abgebildet.

> meiner besten Freundinnen aus dem Studiengang [Französinnen, vds]. Wir verabredeten uns für den nächsten Tag, um mit der Arbeit an der Hausarbeit zu beginnen, die Maritime Gesellschaft wurde uns dabei vom Lehrer zu geteilt. Am nächsten Tag traf sich die Gruppe, wie ausgemacht, außer dass meine Freundinnen alle ca. 20 bis 30 Minuten zu spät kamen, was mich schon sehr ärgerte. Am Anfang dachte ich, sie haben das Treffen vergessen. Als dann endlich alle eingetroffen waren, begannen wir mit der Arbeit. Zuerst verlief alles sehr gut, jeder äußerte seine Meinung und es wurde gemeinsam die Struktur der Hausarbeit entschieden. Danach sollte eigentlich die Unterthemenverteilung stattfinden, wer also welchen Teil bearbeiten sollte, dafür hatten wir extra die Hausarbeit in sechs Teile gegliedert, damit jeder einen Teil bearbeiten kann. Doch als die Grobgliederung stand, wurden auf einmal andere Themen angesprochen. Es ging um andere Projekte, die man auch noch bearbeiten musste und wie man diese einteilen wollte, dann wiederum ging es um das aktuelle Projekt. Alle sprachen durcheinander und wechselten oft das Thema bzw. bearbeiteten gleichzeitig mehrere Projekte, da wir fast alle Projekte zusammen machten. Während die anderen munter über jedes Projekt redeten, verlor ich teilweise den Faden, um welches Projekt es gerade ging. Mir war die ganze Situation auch teilweise unangenehm, da ich manchmal nicht folgen konnte und hinterher hinkte. Ebenfalls konnte ich nicht verstehen, dass jetzt auf einmal über andere Projekte gesprochen wurde, obwohl wir uns wegen des Projekts „Transport Maritim" getroffen hatten, das als erstes abzugeben war. Darüber ärgerte ich mich sehr und nahm dann gar nicht mehr an den Diskussionen teil, ich forderte auch meine Freundinnen oft wieder auf zum eigentlichen Projekt zurückzukommen. Diese verstanden nicht so recht, was ich von ihnen wollte, denn sie meinten immer sie würden doch über das Projekt reden. Unter anderem zogen sie mich damit auf, dass ich ihnen nicht folgen konnte, wenn sie so schnell die Themen wechselten und alles gleichzeitig bearbeiteten, sie meinten sie würden wohl zu schnell denken für mich. Auch wenn das nur ein Scherz war, fühlte ich mich doch verletzt, denn ich war nicht langsamer als sie auch.
> Schließlich verteilten wir noch schnell die Unterthemen und brachen dann das Treffen ab. Wir vereinbarten ein nächstes Treffen, wo wir dann die Arbeit zusammenfügen wollten. [...]"

Die Struktur des Beispiels gilt auch für alle anderen Gruppenarbeiten: das Team konstituiert sich aus den Studierenden des Kurses, man trifft sich außerhalb des Unterrichts, dabei kommen die Gastkulturangehörigen in den Augen der deutschen Studentinnen und Studenten oft zu spät. Nach einem gelungenen Start beginnen die französischen respektive spanischen Studierenden sehr oft, nicht mehr linear zu arbeiten, es entsteht bei den Deutschen ein Gefühl der Hilflosigkeit, sie finden keinen Anschluss mehr und lassen ihrem Unmut darüber oft freien Lauf, woraufhin die Treffen meist abgebrochen werden. Stets – und das ist das Interessante an den Gruppenarbeiten –

nehmen die Gastkulturangehörigen diese Differenzen nicht wahr. Besonders deutlich wird dies in CI 28/2, in welchem der Student nach der Gruppenarbeit eine Kommilitonin nach dem Stand der Dinge fragt. Aus dem Beispiel wird hier nur die unterschiedliche Wahrnehmung zitiert:

> „[...] Mit einer der beiden Kommilitoninnen ging ich anschließend zur nächsten Vorlesung. Auf dem Weg dorthin berichtete sie mir, wie gut und effizient unsere Besprechung gewesen wäre. Ich hingegen war etwas verwirrt über diese Aussage. Deswegen bat ich sie, mir noch einmal die wichtigsten Daten und Vorgehensweisen zu erklären."

Ebenso wie im anderen Beispiel, in dem die Französinnen die Meinung des deutschen Studenten nicht teilten, spricht die Kommilitonin in CI 28/2 auch von einer „effizienten Besprechung". Dem gegenüber stehen jeweils die Emotionsbekundungen der deutschen Seite: Der eine Student ärgerte sich und war obendrein über einen Scherz noch sehr erbost, der andere war verwirrt und konnte dem Geschehen nicht mehr folgen.

Das von den deutschen Studenten wahrgenommene Durcheinander wird intensiv thematisiert. CI 18/2 spricht davon, dass die Gruppe sich plötzlich anderen Projekten zuwandte und jeder gleichzeitig sprach. Der Student im anderen Beispiel moniert, dass kein lineares Gespräch zustande kam, Nebentätigkeiten durchgeführt wurden und dazu, verschärfend für die Situation, ein hoher Geräuschpegel im Hintergrund das Verstehen erschwerte (CI 28/2):

> „[...] Während der Besprechung wurde sehr viel durcheinander gesprochen und jeder sprach seine Ideen aus, wenn sie ihm gerade in den Sinn kamen. Wir saßen in der Cafeteria, sodass bereits eine laute Geräuschkulisse herrschte. Umso lauter musste demzufolge auch in unserer Gruppe gesprochen werden. Neben meinen noch unzulänglichen Sprachkenntnissen fiel es mir schwer, dieser, meiner Meinung nach unstrukturierten, Besprechung zu folgen und in dem Wirrwarr an Einwänden selbst zu Wort zu kommen und meine Ideen einzubringen. Es wurde nicht nur parallel gesprochen, sondern nebenbei klingelte das Telefon oder es wurde eine Kurznachricht geschrieben. [...]"

Die Selbsteinschätzungen der deutschen Studierenden fallen unterschiedlich aus: Der Student in CI 18/2 gibt keinerlei Hinweise, dass er dem Gespräch lexikalisch nicht folgen kann, er hat vielmehr Probleme, den organisatorischen Ablauf der Diskussion zu erkennen und damit auch die Argumentationslinien wieder aufnehmen zu können. Im Gegensatz dazu steht der Student in CI 28/2, welcher explizit seine „unzulänglichen Sprachkenntnisse“ thematisiert und das Nichtverstehen auf die Lexik, die Umgebung und die Organisation der Gruppendiskussion zurückführt.

Die Studierenden konnten allesamt die Schwierigkeiten in den Gruppenarbeiten nicht auflösen. Meist passten sie sich dem Arbeitsfluss vor Ort an (vgl. Kapitel 4.3.3.1), d. h., sie ordneten sich den Gastkulturangehörigen unter oder aber sie arbeiteten für die eigenen Teile in ihrer gewohnten Weise allein und erfüllten somit ihre Pflicht gegenüber der Gruppe. Die beiden Lösungsvorschläge aus den obigen Beispielen könnten differenter nicht ausfallen. Der Vorschlag aus CI 18/2 beinhaltet die Strategie ‚direkte Kommunikation‘ (vgl. 4.3.3.3), der Student in CI 28/2 passt sich an und zieht persönliche Schlussfolgerungen aus dem *incident*. Die Lösungsvorschläge beider Studenten sehen wie folgt aus:

> CI 18/2
> „Auch hier wäre es besser gewesen sich vorher über die kulturell geprägten Grundeinstellungen und Wertorientierungen zu informieren, dann wäre auch dieses Missverständnis nicht entstanden. Dann wäre schon vorher klar gewesen, dass Projektarbeiten in Frankreich anders ablaufen, als in Deutschland. Des Weiteren hätte man über die Unterschiede offen sprechen sollen und nicht einfach das Treffen abbrechen und dann hoffen, dass alles funktioniert. Beide Seiten hätten von einem offenen Gespräch profitiert, man hätte von dem jeweiligen anderen Arbeitsstil lernen können. […]“

> CI 28/2
> „Für mich persönlich konnte ich aus dieser Situation lernen, dass eine Besprechung in Spanien anders funktioniert. Durch diese Organisationsstruktur ist es ratsam, weitaus mehr Aufmerksamkeit zu erbringen, um möglichen Missverständnissen aus dem Weg zu gehen. Für weitere Besprechungen habe ich des Weiteren gelernt, dass das Unterbrechen anderer Personen nicht als störend oder unangenehm empfunden wird, sondern im Gegenteil teilweise notwendig ist.“

Gruppenarbeiten sind demnach ein besonders schwieriges Thema für deutsche Studierende im Ausland, da die unterschiedlichen Arbeitsweisen hier am deutlichsten zutage treten. Außerdem steht der Student unter besonderer Beobachtung: In der

Gruppe muss er beweisen, dass er allein gegen ‚die anderen' bestehen kann, sowohl lexikalisch als auch inhaltlich. Erschwerend kommt hinzu, dass studentische Gruppenarbeiten im ersten Teil des Auslandsjahres liegen. Die interkulturelle Erfahrung ist noch nicht so ausgeprägt, dass Differenzen ausgehalten werden können, sie werden dadurch eher als Problem denn als Unterschied wahrgenommen.

4.2.2 Zeitverständnis

Ein zweites Problemfeld liegt im Umgang mit der Zeit. Dies klang bei den Gruppenarbeiten bereits an, doch gibt es explizite *critical incidents*, die sich mit diesem Phänomen auseinandersetzen. Auch hier sollen zwei Schilderungen helfen, die Probleme der Studierenden zu verstehen. Der Student aus CI 03/2 hat französische Freunde zu sich nach Hause eingeladen, die seiner Meinung nach unpünktlich zum Essen kommen. Etwas später zeigt CI 23/2 wie diese vermeintliche ‚Unpünktlichkeit' aus Sicht der deutschen Studenten bewertet wird. Zunächst die Situation in CI 03/2, die der Student wie folgt beschreibt:

> „So wie es in Frankreich üblich ist, habe ich, nachdem ich auch schon bei den meisten anderen zu Hause eingeladen war, auch ab und zu meine Freunde zu mir in die Résidence eingeladen, um mit ihnen einen ‚Apéro' mit einem anschließenden Essen (‚se faire une bouffe') zu veranstalten. [...] Für diesen Tag hatte ich allen gesagt, dass Sie um 19 Uhr bei mir sein sollten, was ich als doch sehr angemessen fand. Zu dieser Zeit hatte ich dann auch alles für den Aperitif und das Essen vorbereitet, damit wir dann auch pünktlich anfangen konnten, denn danach hatten wir uns noch mit anderen Leuten verabredet, um gemeinsam in die Diskothek zu gehen. Um 19 Uhr war allerdings weit und breit noch niemand zu sehen und auch eine viertel Stunde später noch nicht. Da ich langsam unruhig wurde und an mir zweifelte, ob ich das richtige Datum und die richtige Uhrzeit gesagt hatte, beschloss ich jemanden anzurufen. Ich rief also F. an, die meinte, dass sie bereits auf dem Weg sei und gleich da sein würde. Den ersten, T., sah ich dann wenige Minuten später die Treppe hochkommen. F. kam dann kurz darauf und auch die anderen trudelten dann bis um 19.30 Uhr so langsam ein.
>
> Kein Einziger von Ihnen hielt es allerdings für notwendig, sich für das zu spät kommen zu entschuldigen. Ich sagte zwar nichts, aber war schon ganz schön verärgert, dass sie mich so lange warten lassen haben, denn ich habe mir ja schließlich auch ganz schön Stress gemacht, um alles pünktlich fertigzubekommen. [...]"

Die unterschiedlichen Auffassungen von Zeit und Pünktlichkeit treten deutlich zutage. Der deutsche Student bereitet alles vor und wartet ab dem vereinbarten Zeitpunkt ungeduldig auf seine Gäste. Diese wiederum verhalten sich ganz nach ihren Gewohnheiten – sie betrachten die genannte Uhrzeit mehr als Richtangabe denn als exakten Beginn des Abendessens. Nicht nur die Ungeduld thematisiert der Student, sondern auch seine Empörung, dass keiner der Gäste sich für sein Verhalten entschuldigt. Die weiter oben angesprochene subjektive Sichtweise bei der Verwendung der *Critical Incident Technique* wird hier deutlich: Der Student beschreibt den *critical incident* aus der eigenkulturellen Sicht; die der Gastkulturangehörigen wird nicht weiter thematisiert.

Der Student verfügt nach eigener Auskunft bereits über einige interkulturelle Erfahrungen, da er schon bei mehreren seiner Freunde eingeladen war. Die Vermutung liegt nahe, dass auch dort niemand ‚pünktlich' erschienen ist, sondern ebenfalls ein entspanntes Verhältnis zum Thema Zeit gepflegt wurde. In seiner aktuellen Situation aber nimmt der Student diesen Umgang mit Zeit zum ersten Mal bewusst wahr und zeigt sich ungeduldig und verärgert. Hatte er bei den vorherigen Einladungen keine Möglichkeit, eventuelle Unterschiede im Umgang mit Zeit zu beobachten oder nahm er diese Differenzen dort nicht wahr? Es zeigt sich, dass Beobachtung ein wichtiges Hilfsinstrument zur Erlangung interkultureller Kompetenz ist. Ohne sie können Situationen nicht vollständig interpretiert und folglich auch keine alternativen Handlungen abgeleitet werden. Auf die Beobachtungsgabe der Studierenden komme ich in Kapitel 4.3.3.1 noch einmal zurück.

Ein ähnlich gelagerter *critical incident* wird auch aus Spanien berichtet, bei dem zwei deutsche Studenten auf eine Gruppe spanischer Kommilitonen warten. Nach 45 Minuten kommen die Spanier am vereinbarten Treffpunkt an. Der deutsche Student bewertet die verspätete Ankunft wie folgt (CI 23/2):

> „[…] Bei der Ankunft waren die Spanierinnen sehr nett und begrüßten uns freundlich. Wir erzählten ihnen, dass wir schon lange warteten, aber von deren Seite kam keinerlei Entschuldigung für die Verspätung. Sie sahen das nicht so tragisch an. […] Während meines Spanienaufenthaltes habe ich gelernt, dass zu spät kommen nichts ausmacht, bis zu einer halben Stunde sind locker drin. Im Gegenteil, wenn man pünktlich erscheint, muss man ein Deutscher oder Engländer sein."

Zunächst ist als Parallele zu CI 03/2 zu erkennen, dass sich auch hier wieder die Deutschen verärgert über die ausbleibende Entschuldigung zeigen und den Spaniern vorwerfen, dass sie das Problem als „nicht so tragisch ansehen". Die Interpretationen werden erneut subjektiv-eigenkulturell vorgenommen; die fremdkulturelle Sichtweise findet keinen Eingang. Die Spanierinnen scheinen gar kein Problem gesehen zu haben. Die Notwendigkeit, dass beide Seiten das Problem gleichermaßen erkennen müssen, wird in Kapitel 4.3.3.3 näher untersucht. Im Schlusssatz des deutschen Studenten lässt sich bereits eine erste Beobachtungsstufe feststellen: Ihm fiel auf, dass „zu spät kommen nichts ausmacht". Unabhängig von der weiterführenden Diskussion, ob auch die Gastkulturangehörigen ihr ‚Zuspätkommen' als solches bezeichnen würden, beginnt bei dem Studenten eine Reflexion, welche später noch einmal thematisiert wird: Er beobachtet die Situation und erkennt einen Unterschied im Umgang mit Zeit, welchen er mit seinem Alltagsvokabular, wie oben gesehen, für sich erklärt.

Auch CI 03/2 bezeichnet ‚Anpassung' als die adäquate Lösung. Der Student weist darauf hin, dass Deutsche in Frankreich möglichst tolerant mit der Zeit umgehen sollten, andererseits Franzosen in Deutschland Probleme bekämen, würden sie auf ihre gewohnte Art und Weise zu den Terminen kommen:

> „Ein verschiedener Umgang mit Zeit kann also, wie in der vorliegenden Situation, zu Kommunikationsproblemen oder in schlimmeren Fällen auch zu Konflikten führen. Als Deutscher sollte man sich also in Frankreich auf deren ‚chronische Unpünktlichkeit' einstellen und nicht gleich beunruhigt sein, wenn eine viertel Stunde nach der vereinbarten Zeit noch niemand zu sehen ist. Als Franzose in Deutschland müsste man allerdings wahrscheinlich mehr als gewohnt auf seine Uhr schauen, um nicht Misstrauen, Ärgernis und vieles mehr bei dem Deutschen zu erwecken."

Der Umgang mit Zeit stellt für viele Studierende eine Herausforderung dar. Im vorliegenden Material kommen häufig kritische Interaktionssituationen vor, die unterschiedliche Interpretationen dieses Konstrukts thematisieren. Eine generelle Lösung fanden die Studierenden nicht. Vielmehr zeigten sich viele davon überrascht, dass es unterschiedliche Auffassungen zum Thema Zeit gibt. Dies ist umso erstaunlicher, da gerade im interkulturellen Training vor dem Auslandsaufenthalt auf die Unterschiede zwischen den Kulturen hingewiesen wird und differierende Auffassungen von verschiedenen Konstrukten Hauptgegenstand der Vorlesungsreihe sind. Hier wurden unter anderem auch die kulturkontrastiven Studien behandelt, mit denen sich die Studierenden nach dem Auslandsaufenthalt in ihren Seminararbeiten erneut beschäftigen. Gerade diese Studien haben solche Unterschiede zum Thema. Es steht daher zu vermuten, dass das interkulturelle Training erst in der Verknüpfung mit den praktischen Erfahrungen im Ausland seine volle Wirkung entfalten kann.

4.2.3 Informationsfluss

Neben den Gruppenarbeiten und dem Umgang mit Zeit stellen die unterschiedlichen Informationsflüsse die größte Herausforderung für die Studierenden im Ausland dar. In beiden Ländern erfuhren sie, dass sie nicht von Anfang an alle Informationen erhalten, sondern diese auf zum Teil ungewöhnlichen Wegen besorgen müssen. CI 24/1 beschreibt sogar eine Situation, in der die Informationen peu à peu und erst auf beständige Nachfrage eintrafen:

> „Ich war gerade mit der Vorbereitung von Bestellungen für den nächsten Tag beschäftigt. Er [der Betreuer, vds] wies mich an, die Bestellung zu beenden, erteilte mir weitere Aufgaben und wies mich eher unauffällig auf ein ganz spezielles Material hin, dass eine spanische Ingenieurin für ihre Maschine gern bestellt hätte. Er gab mir die Information, dass dieses Material nur bei einem bestimmten deutschen Lieferanten bestellt werde könne, und gab mir die Kontaktdaten des Zulieferers. Ich nahm die Aufgaben zur Kenntnis und fuhr mit der Vorbereitung der Bestellungen fort. Etwas später kam jene spanische Ingenieurin an meinem Platz, um zu fragen, wann das von ihr angeforderte Material [...] ankäme. Ich sagte ihr, dass ich mich damit noch nicht beschäftigt hätte. Sie entgegnete mir daraufhin, dass sie das Material sehr dringend, d. h. so schnell wie möglich, bräuchte. Sie teilte mir noch einmal mit, wer der Lieferant sei und dass sie drei Stück bräuchte. Sofort rief ich bei dem besagten Lieferanten an und fragte ihn, wie schnell er drei Stück liefern könne. Ich bin dabei nicht besonders auf den Preis eingegangen, da ich verstanden habe, dass es nur diesen einen Hersteller gibt und die Lieferzeit kritischer wäre als der Preis. Der deutsche Lieferant informierte mich nach Rücksprache mit seinen Sublieferanten, dass er drei Stück am nächsten Tag [...] schicken werde und die Bestellung bei seinem Sublieferanten auch bereits ausgelöst hätte. Ich betrachte das Problem als gelöst und bereitete die Bestellung für dieses Material vor. Etwas später ging ich zur Ingenieurin um sie zu informieren, dass ihr Material übermorgen eintreffen werde. Daraufhin fragte sie mich nach dem Preis, was mich ein wenig verwunderte. Ich fragte sie etwas schockiert, in welchen Rahmen der Preis liegen sollte, und erkundigte

> mich, ob es denn noch andere Zulieferer für dieses Material gäbe. Sie bestätigte mir das und gab einen Preisrahmen pro Stück an. Nun musste ich erneut mit dem Zulieferer sprechen um mich nach dem Preis zu erkundigen. Glücklicherweise lag der genannte Preis im dem von der Ingenieurin genannten Rahmen. Da nun auch diese Frage geklärt war, widmete ich mich erst einmal wieder den anderen Aufgaben. Später an diesem Nachmittag informierte ich die Ingenieurin, dass der angegebene Preis in ihrer Preisspanne läge und ich die Bestellung jetzt so fest mit dem Zulieferer vereinbart hätte. In diesem Moment wies ich noch einmal auf die Stückzahl drei hin, worauf sie mir entgegnete, dass sie jetzt nur noch zwei Stück bräuchte, da sie noch eins in der Werkstatt gefunden hätte. Als ich zum vierten Mal an diesem Nachmittag mit dem deutschen Zulieferer sprach, war er bereits leicht genervt. Ich korrigierte die Stückzahl auf zwei, was er mir zuerst nicht ermöglichen wollte, da ich vorher die gesamte Zeit von drei Stück gesprochen habe. Nachdem ich ihm in den Zahlungsbedingungen entgegen gekommen war, konnten wir uns auf zwei Stück einigen, die pünktlich innerhalb der nächsten zwei Tage bei der Ingenieurin angekommen sind."
> [sic!]

Der Student schildert einen Vorgang, in welchem die Informationen nur Stück für Stück eintreffen. Er selbst muss einen hohen Aufwand betreiben, um an die relevanten Daten zu kommen. Nur durch Nachfragen ist es ihm gelungen, alle Details zu erhalten, um schlussendlich die passende Bestellung auslösen zu können. Deutlich wird, dass die Informationen im hier geschilderten *critical incident* stets persönlich übertragen werden, nie kommen Hilfsmittel wie Bestellbücher, Kataloge etc. zum Einsatz, in denen die zu bestellenden Teile verzeichnet sind. Die Ingenieurin ist diejenige, welche die Informationen besitzt und sie nur auf Nachfrage herausgibt. Sogar als sie noch ein Teil findet und die Bestellung nur noch über zwei Stück ausgelöst werden sollte, sagt sie dem Studenten nicht Bescheid. Im Verlauf seiner Selbstanalyse wird er dies primär auf das Konstrukt der Bring- bzw. Holschuld von Informationen zurückführen.

Durch die sequenzielle Beschreibung des Verlaufs der kritischen Interaktionssituation kann der Leser die Entwicklung des Problems direkt nachvollziehen (vgl. Kapitel 4.3.1.1). Des Weiteren werden die Emotionen des Studenten und der Beteiligten deutlich: Er fragt „schockiert" nach dem Preisrahmen, der Lieferant selbst ist „leicht genervt", was die Vermutung nahelegt, dass es dem Studenten selbst unangenehm war, immer wieder anzurufen. Die affektive Komponente der kritischen Interaktionssituationen stellt einen wichtigen Teil dar, um das ‚Kritische' für den externen Leser herausarbeiten zu können. Emotionen sind Indikatoren für eine ge- oder misslungene

Situation und helfen, die Auswirkung des problematischen Verlaufs auf den Studierenden zu verstehen. Insofern dürfen sie in keiner Schilderung fehlen. Darauf geht Kapitel 4.3.1.2 ausführlich ein.

Der Student aus CI 24/1 zieht folgendes Fazit:

> „Obwohl ich mir meiner Holschuld bewusst war und sogar Verständnis für das Verhalten der Ingenieurin aufbringen konnte, fühlte ich mich in dieser Situation falsch und unzureichend informiert. Ich war sogar über die Art und Weise des Zusammenarbeitens erbost. Ich hätte mir nicht vorgestellt, dass kulturspezifische Einstellungen wie die zum Kontext [*high context* vs. *low context*, vds] in der Tat wirtschaftliche Konsequenzen haben können. [...] Ich schließe aus diesem Vorfall, dass man sich in high-context-Kulturen durch ausreichendes Fragen häufiger rückversichern sollte. Dabei wird das Nachfragen wahrscheinlich auch weniger als nervend oder störend, wie ich [...] denke, interpretiert, sondern eher als Interesse und Engagement. Dabei sollte man als Deutscher eine gewisse Gelassenheit entwickeln und seinen hohen Anspruch nach Effizienz senken, da Effizienz von spanischen Kollegen vorrangig nicht erwartet wird. [...]"

Der Student zeigt sich – wie viele seiner Kommilitonen – überrascht darüber, dass Kultur tatsächlich Einfluss auf wirtschaftliche Kenngrößen hat. ‚Weiche' Faktoren wie Kultur können also ‚harte' Zahlen und Fakten von Unternehmen maßgeblich bestimmen. Auch deutet der Studierende an, dass eine Verhaltensmodifikation seinerseits zunächst gegen seine eigenkulturellen Gewohnheiten verstößt: Er möchte in Zukunft mehr nachfragen, empfände dies als Deutscher jedoch „nervend oder störend", ist sich aber gleichzeitig darüber im Klaren, dass dies vor Ort nicht der Fall zu sein scheint. In Kapitel 4.3.3.1 wird darauf noch einmal Bezug genommen. In der letzten Aussage des Studenten, „Effizienz [wird] von spanischen Kollegen vorrangig nicht erwartet", zeigt sich wieder, dass auch dieser Studierende eine Differenz zu seiner gewohnten Arbeitsweise beobachtet und erkannt hat. Er führt sie auf ein für ihn bekanntes Konstrukt (‚Effizienz') zurück. Ebenso in den Deutungen zeigt sich demnach die subjektive Sichtweise der *Critical Incident Technique*, da die Verifizierung der Aussage nicht geleistet werden kann und somit die Beobachtung und Meinungsäußerung als solche in der Seminararbeit erhalten bleibt.

Informationen fließen aber auch auf verschiedenen Wegen, die sich zum Teil widersprechen. So beobachtet eine Studentin in ihrem Praktikum eine Begebenheit und fasst die in der Firma üblichen Informationswege an Beispielen zusammen (CI 13/2):

> „[...] Wenn man Informationen aus einem anderen Büro benötigt, ist es allgemein üblich, der betreffenden Person eine kurze E-Mail zu schreiben mit der Bitte um Bearbeitung. Bis man eine Antwort erhält, kann es allerdings sehr lange dauern oder es sind mehrere Erinnerungen nötig. Dies scheint aber normal zu sein und wird so hingenommen.
> So musste ich als Praktikantin in der Logistik öfters Preise bei Vertriebsingenieuren nachfragen. Diese bekam ich meist erst einen Tag später und nach mehrmaligem Nachfragen, wenn ich die Person zufällig zum Beispiel am Kaffeeautomaten getroffen habe.
> Eine Ausnahme bildete allerdings der deutsche Vertriebsingenieur, der erst seit Kurzem im Unternehmen arbeitete. A. benötigte öfters statistische Daten aus der Logistik. Dafür ging er den kurzen Weg über den Gang und fragte C. persönlich. In der Regel bekam er als einziger auch sofort die benötigten Informationen.
> Eines Tages, als A. wieder einige Daten benötigte, fragte C. allerdings sichtlich genervt, warum er denn immer zu ihr kommen würde und ob er nicht wüsste, dass sie auch ein Telefon und eine E-Mail-Adresse hätte. Daraufhin entgegnete er sehr direkt, dass er sonst ja nie seine Informationen bekommen würde."

Die Studentin beobachtet hier mehrere Dinge: Einerseits sieht sie, dass Informationen vor allem auf dem elektronischen Weg und nach mehrmaligem Nachfragen fließen, andererseits aber auch persönlich und informell, z. B. am Kaffeeautomaten, weitergegeben werden. Sie äußert nun ihre Verwunderung darüber, dass ein deutscher Ingenieur sofort den persönlichen Kontakt sucht. Diese Strategie gibt dem Ingenieur zunächst recht, da er als „einziger auch sofort die benötigten Informationen" erhält. Ein wenig später allerdings beschwert sich die französische Kollegin, dass sie immer wieder persönlichen Besuch von ihm erhält. Die Kollegin weist auf ihr Telefon hin – womit zumindest verbal persönlicher Kontakt hergestellt werden kann. Die Informationen fließen in diesem Unternehmen also auf verschiedenen Wegen, welche die Studentin beobachtet und im Rahmen der Seminararbeit rekonstruiert hat. Aus dem Kontext ist zu erschließen, dass dieser *incident* im zweiten Halbjahr stattfand. Demzufolge verfügt die Studentin bereits über ein gewisses Maß an interkultureller Erfahrung und weiß offensichtlich um die Wichtigkeit der Einhaltung der ‚offiziellen' Informationswege. Ihre Beobachtungsgabe ist bereits geschärft, sie erkennt die unterschiedlichen, zum Teil widersprüchlichen Wege, welche die Informationen nehmen und versucht sich damit ein kongruentes System der Informationsbeschaffung zu erstellen. Somit leistet die Studentin schon den zweiten Schritt nach der Beobachtung: die Interpretation des Beobachteten. Dazu widmet sich Punkt 4.3.3.1 intensiver.

Wurden bis jetzt die kritischen Interaktionssituationen aus einem globalen Aspekt betrachtet, d. h. *welchen* Problemen sich die Studierenden in ihrem Auslandsjahr gegenübersahen, werden die studentischen *critical incidents* im nun folgenden Kapitel einer intensiven Metaanalyse unterzogen. Dabei orientiere ich mich an der Grundstruktur der einzelnen Arbeiten, die in der Regel nach dem Muster Beschreibung des *incidents*, (Selbst)Analyse des *incidents* und Lösungsvorschläge aufgebaut sind. Dabei steht nicht eine linguistische Analyse im Vordergrund, vielmehr wird auf inhaltlich-qualitativer Ebene geschaut, *wie* die Studierenden ihre kritischen Interaktionssituationen beschrieben haben, welche Konzepte sie zur eigenen Selbstanalyse herangezogen und welche Instrumente sie für etwaige Lösungsvorschläge bereithielten.

4.3 Metaanalytische Betrachtungen

4.3.1 Diskussion der studentischen Beschreibungen

In diesem Kapitel werden die studentischen Beschreibungen der *critical incidents* einer genaueren Analyse unterzogen. Das Augenmerk liegt dabei insbesondere auf der Darstellung des *critical incidents* als Interaktion. Wie bereits im Punkt 2 festgestellt wurde, entsteht einerseits Kultur nur in der Interaktion, andererseits bedeuten gerade kritische Interaktionssituationen die Begegnung zweier Individuen, die aufgrund ihrer jeweiligen unterschiedlichen Grunddeutungsmuster differenziert interpretieren und somit auch verschiedene Emotionen aufweisen. Daher ist es für die Darstellung der kritischen Interaktionssituation von hoher Bedeutung, dass auch die affektive Ebene der Beteiligten hervorgehoben wird, um wiederum die Entstehung des Konfliktes nachvollziehen zu können.

4.3.1.1 Nüchtern-informative vs. narrativ-extensive Beschreibungen

Die studentischen Beschreibungen unterteilen sich in nüchtern-informative und narrativ-extensive Beschreibungen. Unter nüchtern-informativ verstehe ich recht kurz gehaltene Beschreibungen, die vor allem auf eine sachliche Darstellung des *incidents* abzielen, ohne Nebenerzählsequenzen zu eröffnen. Die *critical incidents* werden aus einer neutralen Position (d. h. nicht aus der Ich-Perspektive) beschrieben, wodurch eine Atmosphäre kreiert wird, welche die Beschreibung als objektiv erscheinen lässt, wenngleich sie subjektiv geprägt ist. Durch die Konzentration auf die kritische Interaktionssituation ohne weiterführende Details stellt sich ein ‚nüchterner' Charakter ein, der auf die Weitergabe von relevanten Informationen abzielt. Im Gegensatz dazu steht die narrativ-extensive Darstellung. Hier wählten die Studierenden eine Erzählposition, die vor allem von Detailreichtum geprägt ist. Es werden ausführlich vor- und nachgelagerte Ereignisse um den eigentlichen *critical incident* herum dargestellt, die einzelnen Beteiligten werden intensiv beleuchtet und der Leser erhält ein sehr umfassendes Bild von der jeweiligen Situation. Die beiden exemplarisch ausgewählten, hier vollständig abgedruckten Beispiele verdeutlichen die Unterschiede.

nüchtern-informatives Beispiel: CI 12/2
„Zu Beginn des berufspraktischen Auslandssemesters trat immer wieder folgendes Problem auf: Ein Projekt wurde übergeben, doch jegliche Information zur Bearbeitung fehlte. Das Projektziel war also vorgegeben, z. B. die Erstellung der monatlichen Umsatzstatistiken, die genaue Vorgehensweise hingegen war unbekannt. Die notwendigen Informationen mussten in Eigenregie beschafft werden. Diesen Informationsmangel durch ständiges Fragen zu beseitigen, ist für Deutsche schwierig. Sie empfinden sich dabei unter Umständen als nicht intelligent genug, um die Aufgabe im Alleingang zu lösen und sind deshalb unzufrieden mit sich und ihrer Arbeit."

narrativ-extensives Beispiel: CI 14/1
„Während meiner berufspraktischen Tätigkeit in Frankreich ergaben sich wöchentliche Termine für Besprechungen mit Abteilungsleitern verschiedener Abteilungen. Aufgrund von Beobachtungen habe ich bereits festgestellt, dass Termine von einigen genau eingehalten wurden und von anderen weniger genau. In der folgenden Situation stellte das Zeitmanagement eine Herausforderung dar, da ich nicht wusste, ob diese Person Termine sehr genau einhält oder nicht. Der besagte Termin war für 10:00 Uhr angesetzt. Die Frage war nun, wann sollte ich da sein: 10:00 Uhr, 10:10 Uhr oder 10:15 Uhr? Ich entschied mich, nicht um 10:00 Uhr dort zu sein, sondern zwischen 10:00 Uhr und 10:05 Uhr. Nach meiner Auffassung war ich zu spät, war aber auch der Meinung für den Abteilungsleiter nicht zu spät zu sein. Beim Eintreffen meinte der Abteilungsleiter: ‚Ah, ich sehe (mit Blick auf seine Uhr), die Deutschen sind pünktlich. Ich bräuchte allerdings noch fünf Minuten. Könnten Sie in fünf Minuten wiederkommen?' Für mich war das kein Problem, außerdem hat mich die Reaktion nicht überrascht. Ich stellte mir aber wieder die Frage wann sollte ich da sein? In fünf Minuten, zehn Minuten oder gar fünfzehn Minuten? Ich entschied, dass gesagte fünf Minuten mindestens zehn Minuten sind. Nach reichlichen zehn

> Minuten habe ich den Abteilungsleiter erneut aufgesucht und erfuhr, dass man mich bereits gesucht hatte. Sein Kommentar dazu war: ‚Ja, wenn man bei den Deutschen nicht pünktlich ist, dann ist es schon zu spät.‘ Die Situation war nicht unangenehm, da wir beide darüber lachen mussten; auch wurde die anschließende Besprechung nicht negativ davon beeinflusst."

CI 12/2 verzichtet fast vollständig auf Personalpronomina, sodass eine sehr nüchterne Atmosphäre hergestellt wird. Im Gegensatz dazu gibt CI 14/1 das Erlebte in der Ich-Form wider. Das nüchtern-informative Beispiel zeigt, wie auch mit wenigen Hintergrundinformationen ein zum Verstehen der Situation ausreichendes Bild gezeichnet werden kann. Es geht also weniger um die Anzahl der Wörter in einer Beschreibung, vielmehr darum, mit welchen Mitteln die Studierenden die Beschreibung herstellen. Im ersten Beispiel gibt der Student bereits implizit in der Beschreibung eine Lösungsmöglichkeit: „Diesen Informationsmangel durch ständiges Fragen zu beseitigen, ist für Deutsche schwierig." (CI 12/2). Implizite Informationsweitergaben sind typisch für nüchtern-informative Beschreibungen. Auch sie tragen zum recht abstrakt dargestellten Bild der Situation bei. In CI 14/1 dagegen geht der Student äußerst narrativ vor und beschreibt die Situation ausführlich. Die Gedankengänge des Studenten werden deutlich, z. B. diverse Interpretationsmöglichkeiten der Zeitangaben „10:00 Uhr". Er gibt seine Entscheidungen bekannt und begründet sie ausführlich. Des Weiteren benutzt der Student das Stilmittel der direkten Rede, um auch die Reaktion des Abteilungsleiters darzustellen. Nüchtern-informative vs. narrativ-extensive Beschreibungen geben Aufschluss über die Relevantsetzungen der Studierenden: Sie entscheiden selbst über die Wichtigkeit, Anzahl und Qualität der Informationen, die sie für den *critical incident* als relevant erachten. Insofern stellen Beschreibungen von kritischen Interaktionssituationen an Studierende hohe Anforderungen: Ein geeignetes Maß an Informationsdichte muss mit einer hohen Ausdrucks- und Schreibkompetenz verbunden werden, um einem externen Leser die Situation hinreichend zu schildern und etwaige Fragen hinsichtlich des Vorganges zu verhindern (nüchtern-informativ) bzw. im narrativ-extensiven Fall nicht Opfer einer unüberschaubaren Vielzahl an Informationen zu werden.

4.3.1.2 Wiedergabe von Emotionen

Eng verbunden mit der Unterteilung der Darstellungen der *critical incidents* in nüchtern-informative und narrativ-extensive ist die Wiedergabe der Emotionen der einzelnen Beteiligten. Gefühle sind Bestandteil von kritischen Interaktionssituationen, wie auch die Definition in Punkt 2.2.2 zeigt, denn durch sie können die Irritationen, die der Interaktant verspürt, versprachlicht und somit für externe Leser zugänglich gemacht werden. Zumeist rücken, aufgrund der Erzählperspektive, die eigenen Emotionen verstärkt in den Vordergrund, die Gefühle der anderen Interaktanten werden seltener dargestellt. Im obigen Beispiel CI 12/2 werden die Emotionen der Teilnehmer in einem Satz angesprochen: „Sie [die Deutschen, vds] empfinden sich dabei unter Umständen als nicht intelligent genug, um die Aufgabe im Alleingang zu lösen und sind deshalb unzufrieden mit sich und ihrer Arbeit.“. Die Aussage löst Folgefragen aus: Spricht der Student für alle Deutschen im Unternehmen oder nimmt er Bezug auf seine eigenen Gefühle und projiziert sie in der Beschreibung auf alle Mitglieder der von ihm perzipierten eigenkulturellen Gruppe? Die affektive Ebene der fremdkulturellen Gruppe wird nicht thematisiert, sodass sich ein weiteres Merkmal für nüchtern-informative Beschreibungen ergibt: Emotionen werden häufig nicht oder nur für einen Teil der an der Interaktion Beteiligten dargestellt.

Ein Beispiel aus der Gruppe der narrativ-extensiven Beschreibungen zeigt, dass vor allem hier Emotionen gehäuft vorkommen. In CI 26/1[13] sind die folgenden emotionalen Komponenten zu finden:

> „Seine Emails waren immer sehr nett und ich hatte schon vor unserem Treffen einen positiven und sympathischen Eindruck. […] Es war eine sehr freundschaftliche Atmosphäre zwischen uns und ich fühlte mich sehr wohl. […] Ich war von unserem Treffen absolut positiv überrascht und begeistert.“

Der Student schildert ausdrücklich seine emotionale Lage. Die emotionale Befindlichkeit seines Gegenübers wird im Gesamtzusammenhang deutlich: Der spanische Interaktant scheint sich auch recht wohlgefühlt zu haben (vgl. ausführlichen *incident* im Anhang). Explizite Emotionsbezüge bei narrativ-extensiven Darstellungen sind

[13] Es handelt sich hierbei um einen deutschen Studenten, der einen spanischen Tandempartner zugeteilt bekommt und die Kontaktaufnahme sowie das erste Treffen schildert. Der gesamte CI ist im Anhang dargestellt.

häufig anzutreffen. Dem Leser wird unmissverständlich deutlich, wie sich der Student in der jeweiligen Situation fühlte. Auch implizite Gefühlsdarstellungen sind oft vorhanden, wenn auch im Vergleich zu den expliziten in geringerem Umfang und oft im Zusammenhang mit negativen Gefühlen. Im gleichen *incident* schildert der Student nach seiner anfänglichen Begeisterung, wie er sich nach dem Abbruch des Kontaktes fühlte. Der Leser muss nun kognitive Transferleistungen erbringen, d. h. interpretierend lesen, da der Student nur noch implizit seine Gefühle zum Ausdruck bringt (CI 26/1):

> „Nach einigen Tagen schon schrieb ich [...] erneut eine Email um ein neues Treffen zu vereinbaren [...]. Zunächst bekam ich keine Antwort. Nach einigen Tagen schrieb ich erneut. Wieder keine Antwort. Dann wurde mir schon fast klar, nachdem er sich mehrere Wochen nicht meldete, dass wir uns wohl nicht mehr treffen würden. Mir war nur absolut nicht klar, warum er den Kontakt einfach abgebrochen hatte, obwohl unser Treffen doch so positiv verlaufen war."

Die Enttäuschung ist förmlich herauszulesen, obwohl der Student selbst keinerlei Hinweise expliziter Art darüber gibt. Insbesondere bei negativen Gefühlen nutzen viele die Möglichkeit, nur implizite Andeutungen über ihre Gefühlslage zu geben. Studierende betreiben zuweilen intensiv *face-work*[14], um die Darstellung ihrer eigenen Person zu beeinflussen.

4.3.1.3 Nationalkultur als Distinktionsmerkmal

In ihren Beschreibungen gehen die Studierenden auf die Unterschiede zwischen den an der Interaktion beteiligten Nationalitäten ein. Sie arbeiten in der Hinführung auf den *critical incident* heraus, dass die unterschiedlichen Auffassungen des vorliegenden Problems vor allem nationalkulturell bedingt sind. Besonders deutlich wird diese Art der Herangehensweise bei solchen studentischen Beschreibungen, die vermehrt das Wort ‚typisch' verwenden. Häufig ist die Aussage anzutreffen, dass eine bestimmte Handlungsweise ‚typisch für die Kultur A' sei. Aber auch weniger stereotypenhafte Beschreibungen lassen darauf schließen, dass Studierende in ihren Beschreibungen die Nationalkultur als Hauptunterscheidungskriterium verwenden.

[14] Siehe ausführlich dazu die Definition und die Übertragung der Methode auf die hier vorliegenden Seminararbeiten im Kapitel 4.3.2.3.

CI 08/2 grenzt besonders stark die eigenkulturelle von der fremdkulturellen Gruppe ab. Dazu werden nicht mehr die Individuen als solche bezeichnet, sondern nur noch die Nationalitäten als Subjekte des Satzes benutzt:

> „Im Rahmen einer Gruppenarbeit im Fach ‚Marketing Stratégique' bekamen meine deutsche Kommilitonin und ich zusammen mit drei Franzosen die Aufgabe, ein Marketingkonzept für ein französisches Reisebüro in Paris zu entwickeln. [...] In einem ersten Schritt sollten sich die Gruppenmitglieder individuell Gedanken zu dem Thema machen, also ein erstes Konzept erstellen, um das weitere Vorgehen effizient gestalten zu können. Im Folgenden wird sich jedoch zeigen, dass sich das deutsche Verständnis eines Konzept [sic!] von dem der Franzosen grundlegend unterscheidet.
> Bei dem ersten gemeinsamen Treffen unserer Gruppe plädierten wir Deutschen gleich dafür, unsere Ergebnisse vorzustellen. Wir achteten wenig darauf, uns zuerst einmal mit den Gruppenmitgliedern auszutauschen und sie ein bisschen näher kennenzulernen. Vielmehr erwarteten wir von Anfang an einen regen und sachlichen Austausch über unser Thema. Dabei hofften wir auf tatkräftige Unterstützung und Teilhabe der Franzosen. Diese wiederum schienen nur wenig motiviert und schlecht auf das Treffen vorbereitet zu sein. Zwar waren sie stets freundlich und hatten auch von sich aus eine gemeinsame Zusammenarbeit angeregt. Doch hatten sie für die Besprechung weder Stichpunkte niedergeschrieben noch zeigten sie Bereitschaft, an dieser teilzunehmen. Fragen über persönliche Themen verstanden wir als Ablenkungsmanöver und versuchten sie zu übergehen.
> Zunächst versuchten meine Kommilitonin und ich, dieses scheinbare Desinteresse der Franzosen zu übergehen. Wir übernahmen die Leitung der Gruppe und stifteten die anderen dazu an, auch ein paar ihrer Ideen mit einzubringen. Je mehr die anderen schwiegen, desto mehr meinten wir, dies durch unsere aktive Beteiligung kompensieren zu müssen. Doch schon bald verloren auch wir das Interesse an der Besprechung und die Gruppe musste zunächst ohne Ergebnis auseinandergehen. [...] Was konnten die Gründe sein, dass die Franzosen scheinbar so desinteressiert an der gemeinsamen Arbeit waren?"

Die Abgrenzung der beiden kulturellen Gruppen fällt in diesem Beispiel besonders stark auf, da es sich um drei Franzosen und zwei Deutsche handelt, die miteinander arbeiten müssen. Die Gruppe wird vom Studenten von Anfang an als heterogen perzipiert, folglich sieht er auch die interne Arbeitsverteilung in dieser nationalen Unterscheidung: „Wir [die Deutschen, vds] übernahmen die Leitung der Gruppe [...].". Auf der Ebene der Gruppenzugehörigkeit geht der Student auch partiell auf die individuellen Befindlichkeiten ein. Für den Studenten scheint die Betrachtung der jeweiligen Nationalitäten ausreichend, da das Verhalten für ihn auf der Ebene der Nationalkultur als erklärbar erscheint. Aufgrund dieser Sättigung an für ihn notwendigen

Erklärungsalternativen werden anderweitige potenzielle Explikationen nicht thematisiert.

Das Kernproblem, welches bei einer an Nationalgruppen orientierten Beschreibung besteht, liegt im nachgelagerten Bereich der Analyse: Werden individuelle, d. h. auf die Interaktionsteilnehmer ausgerichtete Faktoren bereits in der Beschreibung ausgeblendet, können auch die Analyse und ihre Methoden nur noch auf einer Makroebene (wie z. B. der Ebene der Nationalkulturen) angesiedelt, nicht jedoch auf einer Mikroebene (z. B. auf der Ebene der Interaktionsbeteiligten) verfeinert werden. Die These, dass die studentischen Selbstanalysen durch die Beschreibungen bereits prädeterminiert werden, greife ich in Kapitel 4.3.2.2 noch einmal auf.

Der Grund für die Verwendung der National- und nicht der individuellen Ebene findet sich in der starken Fokussierung der Studierenden auf die Konzepte der Kulturstandards und Kulturdimensionen. Wie eingangs bereits erwähnt, stützen sich diese auf die Nationalkultur als Unterscheidungsmerkmal. In der Wahrnehmung des *critical incidents* durch den Studierenden und der nachgelagerten Analyse stellt sich dementsprechend als erstes die Wahrnehmung der Unterschiede der Nationalitäten ein. Erst später werden individuelle Faktoren angesprochen. Diese allerdings können – gerade bei ‚Fehlern', die der Student selbst begangen hat – für die eigene Person unangenehm sein. Das hat besonders für die Selbstanalyse zwei Folgen: Zum einen verlagern sich die Studenten auf jene makrokulturelle, nationale Ebene, zum anderen verwenden sie verstärkt *face*-Strategien, um eine gezielt positive Selbstrepräsentation abzugeben.

4.3.2 Diskussion der studentischen Selbstanalysen

Die studentischen Selbstanalysen befinden sich in einem interessanten Spannungsfeld, welches vor allem kulturkontrastiv geprägt ist, d. h. sie vergleichen ihre Heimatkultur mit der vor Ort dominanten Gastkultur. Eine vergleichende Analyse ist legitim, doch stellt sich dann ein Ungleichgewicht ein, wenn ausschließlich globale Analysen, d. h. Erklärungen nur auf Basis von kulturellen Grundannahmen, stattfinden, nicht jedoch auf interaktionaler, sprich individueller Ebene. Diese Spannungsfelder werden in den folgenden Kapiteln diskutiert.

4.3.2.1 Ausprägungen der Selbstanalysen

Die äußeren Formen, wie Studierende ihre eigenen *critical incidents* analysieren, schwanken erheblich. Folgende drei Möglichkeiten nutzen die Studierenden:

- ausführliche Erklärungen
- sehr knappe Erklärungen
- Erklärungen im Stil eines *culture assimilators*

Die ausführlichen Erklärungen überwiegen bei Weitem die knappen Erläuterungen. Die Studierenden nutzen die Möglichkeit, ihre *critical incidents* intensiv zu reflektieren. Sie haben dabei die Möglichkeit, einen zirkulären Bezug herzustellen: Von der Situation kommend schildern sie theoretische Hintergründe und betten diese wieder in die praktische Interaktion ein. Als Beispiel für solch einen zirkulären Bezug dient CI 10/1. Nach einer ausführlichen Situationsbeschreibung und einer sehr intensiven analytischen Auseinandersetzung mit den Grunddeterminanten der Situation, kommt der Student relativ spät auf kulturelle Grundmuster zu sprechen. Dabei erläutert er diese erst theoretisch, um sie anschließend auf die jeweilige Situation zu adaptieren[15]:

> „Im Rahmen von Untersuchungen über die nationalen Unterschiede des Kommunikationsverhalten hat Edward T. Hall festgestellt, dass sich Franzosen mit ihren sehr dichten Informationsnetzen (high context) von den Deutschen unterscheiden, bei denen aufgrund ihrer low-context-Kultur eine geringere Informationsdichte besteht. Folglich spielen die verbale und vor allem die nonverbale Verständigung eine sehr große Rolle im französischen Kommunikationsverhalten, denn Sprache ist eben mehr als Reden. Gerade der Franzose benutzt die Sprache oftmals, um zwischen den Zeilen Botschaften zu übermitteln; in vielen Fällen ist das Nichtgesagt sogar wichtiger als das Gesagte. Demzufolge könnte Madame H. [die Gastgeberin, vds] die Rückmeldesignale der Freundin, speziell ihre verschlossene, zurückweisende und defensive Körpersprache als auch ihre fehlende Teilnahme am Gespräch, wie folgt interpretiert haben:
>
> - ‚Die Freundin ist desinteressiert und gelangweilt.'
> - ‚Die Freundin fühlt sich unbehaglich in meiner Gegenwart.'
> - ‚Ihr schmeckte mein Essen nicht.'
> - ‚Ich bin eine schlechte Gastgeberin gewesen.' […]"

[15] Der komplette CI 10/1 ist im Anhang dargestellt.

Der Student stellt nicht nur den theoretischen Hintergrund bereit, er überprüft diesen sofort anhand der Situation und gibt Interpretationsmöglichkeiten, wie die französische Gastgeberin sich in dieser Situation gefühlt haben könnte. Die hier bereits vom Studenten durchgeführte Selbstanalyse mittels Kulturdimensionen und Kulturstandards diskutiere ich in Kapitel 4.3.2.2.

Nur wenige Studierende produzieren solch einen zirkulären Bezug, die meisten Analysen begnügen sich mit der Nennung der theoretischen Hintergründe. Diametral zum obigen Beispiel steht daher CI 23/2, der bereits in Kapitel 4.2.2 vorgestellt wurde. Knapper und globaler könnte die Analyse nicht ausfallen:

> „Bei der Ankunft waren die Spanierinnen sehr nett und begrüßten uns freundlich. Wir erzählten ihnen, dass wir schon lange warteten, aber von deren Seite kam keinerlei Entschuldigung für die Verspätung. Sie sahen das nicht für so tragisch an. Spanien gehört zu den polychronen Kulturen, dass heißt es verschwimmen unterschiedliche Zeitfenster. Sie nehmen sich die Zeit und es können mehre Aktivitäten gleichzeitig durchgeführt werden."

Es wird deutlich, dass diese Analyse zu knapp ausfällt, da die individuellen Konstituenten der Situation überhaupt nicht in Betracht gezogen werden. Die Erklärung erfolgt auf der Basis von externem Alltagswissen, ohne dieses kohärent mit der Situation zu verknüpfen („[...] es können mehrer[e] Aktivitäten gleichzeitig durchgeführt werden."), da in der Beschreibung nicht ersichtlich wird, dass parallele Aktivitäten stattfanden. Besonders an diesem extremen Beispiel zeigt sich deutlich, dass Studierende in ihren Analysen oft die individuelle Ebene außen vor lassen. Das Spannungsfeld globale vs. individuelle Analyse wird im Anschluss an dieses Kapitel diskutiert.

Eine dritte Form der studentischen Selbstanalyse stellen die Erklärungsansätze im Stil eines *culture assimilators* dar. Die Studierenden gehen dabei folgendermaßen vor: Nach der Beschreibung der Situation stellen sie drei bis vier Interpretationsmöglichkeiten vor und geben zu jeder dieser Interpretationsvarianten eine mögliche Erklärung. Dieses Konzept entspricht dem von Fiedler, Mitchell und Triandis 1971 vorgestellten und vor allem von Alexander Thomas in den neunziger Jahren in Deutschland eingeführten *culture assimilator*[16]. Bei der Entstehung dieser Trainingsmethode wer-

[16] Einen guten Überblick über die Theorie des *culture assimilators* liefert beispielsweise Bhawuk 2001.

den kritische Interaktionssituationen Angehörigen sowohl der Fremd- als auch der Eigenkultur mit der Bitte um Interpretation gezeigt. In einer Verifizierungsstufe werden diese Interpretationen wiederum anderen Angehörigen der jeweiligen Kultur vorgelegt, um ‚typische' Deutungen der Situation herauszufiltern. Das Ziel des *culture assimilators* ist dann, interkulturell Lernenden anhand dieser Deutungen sehr wahrscheinliche und eher unwahrscheinliche Interpretationen der betreffenden Situation aufzeigen zu können. Damit soll der Lernende ein Gefühl für die Adäquatheit von Interpretationen erhalten. Dieses System imitieren die Studierenden, wenn sie in ihren Selbstanalysen Interpretationsmöglichkeiten angeben. Zwischen der Originalform des *culture assimilators* und der Variante, wie sie die Studierenden hier einsetzen, besteht ein wichtiger Unterschied: Die Deutungsvarianten sind *selbstbezogen*, d. h., sie kommen von den Studierenden selbst und unterliegen nicht der oben beschriebenen Verifizierungsstufe. Die Studierenden geben eine Reihe ihrer Deutungen mit ihren jeweiligen subjektiven Erfahrungen ab. Sie verfolgen damit ein bereits präkonstituiertes Ziel: Sie haben die ‚richtige' bzw. ‚wahrscheinlichste' Deutungsvariante im Hinterkopf und steuern zielstrebig auf sie zu. In der ursprünglichen Form der *culture-assimilator*-Methode obliegt diese Verifizierungsstufe anderen Personen als den Autoren selbst.

Einen Vorteil bietet diese Art der Interpretation seitens der Studierenden: Sie lässt einen Einblick in ihre Deutungsvielfalt zu. Es werden mehrere Alternativen aufgezeigt, die – so steht zu vermuten – die Gedankengänge und somit verschiedenen Interpretationsideen der Studierenden nachzeichnen. Ein Beispiel gibt CI 04/2. Der Student reagiert irritiert darüber, dass er trotz eines guten und freundschaftlichen Verhältnisses so gut wie nichts über die Familien seiner Arbeitskollegen im Praktikum erfahren hat. Er analysiert die Situation wie folgt:

„Mögliche Gründe für das Verhalten der Beteiligten:

(1) Franzosen trennen Familienangelegenheiten strikt vom allgemeinen Small Talk. Familie wird als etwas höchst Privates betrachtet, man redet darüber nicht mit Bekannten. Nur langjährige Freunde kennen die Familienverhältnisse.

Dies ist insofern richtig, als dass Familie als etwas sehr Privates angesehen wird. Wissen über die Familienverhältnisse und eventuellen -probleme kann einen Menschen angreifbar für Konflikte und Auseinandersetzungen machen. Es ist möglich, dass die Franzosen deswegen nicht so frei und natürlich von ihrer eigenen Familie gesprochen haben.

(2) Das offene und herzliche Verhalten der Franzosen wurde von mir fälschlicherweise als freundschaftliche Zuneigung interpretiert.

Dies trifft in diesem Fall wohl komplett zu. Deutsche machen durch ihren direkten und verbindlichen Kommunikationsstil schnell klar, welches Verhältnis sie zu ihrem Gegenüber haben. Franzosen achten im menschlichen Miteinander sehr darauf stets höflich zu sein und die Mitmenschen mit der nötigen Aufmerksamkeit und Freundlichkeit zu behandeln. Dieses Verhalten herrscht bei Deutschen v.a. im engen Freundes- und Bekanntenkreis vor. Kollegen, flüchtige Bekannte und ähnliche werden mit klarer Distanziertheit behandelt. Es ist davon auszugehen, dass ich diese oberflächliche Freundlichkeit der Franzosen überbewertet habe und es dadurch zu Enttäuschungen auf meiner Seite kam.“ (Hervorhebungen im Original)

Dieser Student gibt zwei mögliche Interpretationen an, andere Studierende wählten bis zu vier Deutungen. Obiges Beispiel verdeutlicht die stark kulturkontrastive Einstellung des Studenten, die auch für viele andere Analysen gilt. Dennoch bietet die Verwendung des *culture assimilators* als Analyseinstrument einerseits den bereits genannten Vorteil, dass mehrere Alternativen aufgezeigt werden, andererseits – damit zusammenhängend – diskutieren die Studierenden vor allem ihre eigene Sicht, sprich: Sie erklären damit auch sich selbst ihre diversen Deutungen. Durch das Nachdenken über verschiedene Deutungsmöglichkeiten kommen die Studierenden hier eher auf ihre eigene Rolle zu sprechen als bei anderen Analysen, die vor allem auf das Verhalten der aus ihrer Sicht fremdkulturellen Gruppen abzielen und meistens mit sehr globalen Konzepten, wie z. B. Kulturstandards und Kulturdimensionen arbeiten. Dieser Sachverhalt wird im folgenden Kapitel diskutiert.

4.3.2.2 Globale vs. individuelle Selbstanalysen

Unter globalen Analysen verstehe ich studentische Selbstanalysen, die nur auf kulturkontrastiver Ebene durchgeführt werden, d. h. sie arbeiten vor allem mit kulturbeschreibenden Instrumenten, gehen dabei aber kaum auf die individuelle Spezifität einer jeden Interaktionssituation ein.

Die studentischen Selbstanalysen beginnen meist mit einer Kategorisierung der an der Situation Beteiligten nach ihrer Staatsangehörigkeit, die damit vor allem als Unterscheidungsmerkmal dient. Somit kann an dieser Stelle die These aus Punkt 4.3.1.3 – die Verwendung der Nationalkultur in den studentischen Beschreibungen prädeterminiert die Selbstanalyse – verifiziert werden. Die obigen Beispiele zeigen deutlich, dass die Studierenden auch in ihren Analysen sehr trennscharf nach eigen- und fremdkulturellen Gruppen sowie deren Verhalten unterscheiden, ohne auf individuelle Charakterzüge einzugehen. Intensiver noch als in den Beschreibungen werden in den Selbstanalysen keine Personen mehr betrachtet, sondern nur noch ihre kulturelle Gruppe. Sehr häufig sprechen die Studierenden von ‚den Franzosen' oder ‚den Spaniern'. Der sprachliche Abstraktionsgrad, der vom Individuellen wegführt, kann sich bis hin zum Einsatz von Punktwerten steigern. Drei Beispiele verdeutlichen die nationalkulturell geprägten Unterscheidungen:

> „In Deutschland legt man sehr viel Wert auf Pünktlichkeit und das Einhalten von Terminen wird sehr ernst genommen. In Spanien eher hingegen ist man viel spontaner und viele Sachen werden zur gleichen Zeit ausgeführt." (CI 32/2)

> „Die Hilfsbereitschaft der Deutschen, vor allem in Bezug auf Fremde und Ausländer, ist bei vielen nicht sehr ausgeprägt. [...] Das enge Beziehungsgeflecht der Spanier gibt es hierzulande nicht. In Spanien ist es, meiner Meinung nach, intensiver als hierzulande. Spanier kennen keine Berührungsängste." (CI 38/2)

> „In der Untersuchung von Hofstede belegt Frankreich mit 69 Punkten auf dem Machtdistanzindex Position 15, während Deutschland mit 35 Punkten auf der Position 42 landet. Die Dimension der Machtdistanz ist folglich nach Hofstede in Frankreich stärker ausgeprägt, als in Deutschland." (CI 17/2)[17]

CI 17/2 bleibt jedoch nicht bei der Theorie: Trotz dieser extremen Abstraktion mittels Skalenpositionen beider Länder schafft es der Student, in einer recht langen Analyse auf die individuelle Ebene zurückzuschließen und kreiert dadurch den oben diskutierten zirkulären Bezug. Er arbeitet dabei intensiv mit den hier genannten Dimensionen, kann aber eine Brücke zur eigentlichen Situation schlagen. Gerade in der Analyse ist es von Vorteil, wenn das Spannungsfeld zwischen globaler und individueller Betrach-

[17] CI 17/2 ist zum besseren Verständnis im Anhang vollständig abgedruckt

tung deutlich zur individuellen Seite tendiert. Kritische Interaktionssituationen entstehen *zwischen* Menschen, folglich müssen die Ursachen auch in den jeweiligen Interaktanten als primärer Quelle unterschiedlicher Wahrnehmungen und ggf. daraus resultierender Probleme gesucht werden. Dabei können globale Konzepte wie Kulturstandards und Kulturdimensionen bei der Betrachtung hinzugezogen werden, die eigentlichen Ursachen für die jeweiligen Irritationen sind jedoch auf der individuellen Ebene zu suchen, bei der die globalen Konzepte lediglich als grundlegende Beeinflussungsmöglichkeiten anzusehen sind.

Generell weisen die Studierenden im gesamten empirischen Material einen starken Hang zu Kulturstandards und Kulturdimensionen auf. Sie erklären zumeist den jeweiligen Standard respektive die Dimension, doch fehlt sehr oft im Anschluss die praktische Implementierung auf die vorliegende Situation, das heißt, die ‚Beweisführung', dass dieser Kulturstandard oder jene Kulturdimension tatsächlich maßgeblich bestimmend für den kritischen Verlauf der Interaktion gewesen ist, wird nicht deutlich. Zum anderen verharren die Studierenden oft bei den beiden genannten theoretischen Konzepten, ohne – wie oben bereits angesprochen – auf die individuelle Ebene zu gelangen, um den entstandenen Irritationen ursächlich auf den Grund zu gehen. Durch diese starke Fokussierung auf die Nationalkultur und somit auf die Erklärung mittels globaler Konzepte häufen sich Interpretationen, die weiterer Nachfragen bedürften. Besonders deutlich wird dies bei CI 26/2, als der Student einen Taschendiebstahl in der Metro verhindert, in dem er der fast Bestohlenen einen Hinweis gibt, sie solle auf ihre Tasche aufpassen und der Dieb dadurch die Flucht ergreift. In seiner Analyse schreibt der Student daraufhin:

> „Von ganz besonderer Bedeutung sind in diesem Fall jedoch der **High Context** (nach Hall) und der **Kollektivismus** (nach Hofstede) der Spanier. Beide Faktoren stehen dafür, dass den Menschen dieser Kultur die Bindungen untereinander sehr wichtig sind, Beziehungen und Freundschaften stark gepflegt werden und die Familie und die Zugehörigkeit zu einer Gruppe, die sich gegenseitig unterstützt sehr wichtige Faktoren sind. In einer individualistischen Kultur, in der jeder seinen eigenen Weg geht und materielle Werte und der eigene Vorteil wichtiger sind als persönliche Bindungen, wäre die beschriebene Situation kaum möglich gewesen." (Hervorhebungen im Original)

Wieder nennt der Student zunächst die beiden für ihn relevanten Kulturdimensionen und erklärt sie theoretisch, ohne sie jedoch auf die aktuelle Situation zu beziehen. Er spricht hier von Freundschaften und der Familie, doch befand sich der Student zum Zeitpunkt des Beinah-Diebstahls in der Metro unter fremden Menschen. Er war es auch, der sich ein Herz fasste und die Frau auf den Dieb aufmerksam machte. Nun aber schreibt der Student, dass nur kollektivistisch eingestellte Kulturen so etwas machen würden – er selbst ist aber Deutscher und bei strenger Anwendung seiner Argumentation hätte er sich in diesem Fall nicht einmischen dürfen, ist er doch ein ‚Individualist'. Es zeigt sich hier, dass eine konkrete Interaktionssituation mit einer globalen Kulturdimension verknüpft wurde, deren kausale Verbindung sich für einen externen Leser nicht erschließt. Es liegt die Vermutung nahe, dass jeder unabhängig von seiner Kultur auf eine ähnliche Art und Weise gehandelt hätte, wäre er in der gleichen Situation gewesen. Die Erklärung der beiden Kulturstandards in Bezug auf die jeweiligen Kulturgruppen wirkt schon fast stereotyp: „In einer individualistischen Kultur, in der jeder seinen eigenen Weg geht und materielle Werte und der eigene Vorteil wichtiger sind als persönliche Bindungen [...]." Exakt hier liegt die Gefahr der übermäßigen Verwendung der Kulturdimensionen und Kulturstandards: Die Situation wird so stark auf die Nationalität als Unterscheidungsmerkmal reduziert und mit den vorhandenen kulturkontrastiven Konzepten erklärt, dass jedwede individuelle Ausprägung verloren geht.

Keineswegs ist die Verwendung der beiden Konzepte komplett abzulehnen. Eine geschickte Verknüpfung der Kulturstandards und der Kulturdimensionen mit der jeweiligen Situation gelang einigen Studierenden. Der bereits zitierte CI 14/1 (vgl. Punkt 4.3.1.1) erklärt in der Selbstanalyse das Konzept des Kulturstandards Zeit sehr ausführlich in der Theorie, kommt allerdings danach erneut auf die vorliegende Situation zu sprechen. Verknüpft mit Beobachtungen, die der Student in seinem Praktikum machte, kommt er zu folgendem Schluss:

> „Hinzu kommt die Tatsache, dass von einigen Kollegen sehr darauf geachtet wurde, pünktlich zu beginnen. Nur durch Beobachtungen und Erfahrungen lässt sich in diesem Fall herausfinden, was 10:00 Uhr für den jeweiligen Mitarbeiter bedeutet. [...] Die Tatsache zu wissen ob die betreffende Person Wert auf Pünktlichkeit legt oder eher weniger, gibt mir die Möglichkeit, die besagte Person nicht in missliche Situa-

> tionen durch mich zu bringen. Das heißt, ich kann vermeiden die Person zu gegebener Zeit zu ‚überfallen'".

Das theoretische Konzept – in diesem Fall die Kulturdimension ‚Zeit' – wird vom Studenten zunächst zurückgestellt. Die individuellen Ausprägungen seiner Kollegen, die er durch Beobachtungen herausfiltert, sind für ihn prioritär. Der Student stellt sich flexibel auf die individuellen Bedürfnisse ein und hat offensichtlich kein Problem mit der unterschiedlichen Interpretation von ‚Zeit', d. h., er weist hier einen recht hohen Grad an Ambiguitätstoleranz[18] auf. Sobald diese gegeben ist, weiß der Student Kulturdimensionen und Kulturstandards adäquat einzusetzen. Denn er ist nun in der Lage, beispielsweise das Konstrukt ‚Zeit' in seinen unterschiedlichen Ausprägungen einzuschätzen. Er kann in seiner Analyse die einzelnen Interpretationsvarianten der Interaktanten berücksichtigen und rückt – unter Zuhilfenahme von Kulturstandards und Kulturdimensionen – dennoch das Individuum ins Zentrum seiner Deutungsweise.

4.3.2.3 Face-Strategien in den Selbstanalysen

Die starke Fokussierung auf die Kulturstandards und Kulturdimensionen in den Selbstanalysen kann einen sehr persönlichen Hintergrund haben. In jeder kritischen Interaktionssituation machen die Beteiligten ‚Fehler', die zuweilen die eigene Person in ein schlechtes Licht rücken. Gerade in einer Seminararbeit, in der die Studierenden nachweisen sollen, dass sie interkulturell adäquat im Ausland handeln können, liegt die Vermutung sehr nah, dass an mehreren Stellen *face-work* betrieben wurde.

Das ‚*face*-Konzept' hat seine Ursprünge in den Arbeiten von Erving Goffman (ausführlich vgl. Goffman 1997), die insbesondere durch Brown und Levinson maßgeblich erweitert wurden. Grundlegend versucht jeder Interaktant, eine möglichst wohlwollende Beurteilung seiner Person durch andere zu erlangen – er will also sein ‚Gesicht' wahren. Weidemann spricht gleichsam von einer „gezielte[n] öffentliche[n] Selbstrepräsentation" (Weidemann 2004, 84). Die jeweiligen Handlungen, die ein Interaktant vollzieht, um ein bestimmtes *face* zu erhalten, werden als *face-work*-Strategien bezeichnet. Solche Strategien beziehen sich stets auf menschliche Interak-

[18] Ambiguitätstoleranz bezeichnet die Akzeptanz eines Individuums, dass bestimmte Konstrukte mehreren, z.T. widersprüchlichen Deutungen unterliegen können.

tionen, die wiederum kaum ohne soziale Urteilsbildung auskommen (ebd.). Dieses Prinzip adaptiere ich auf das vorliegende empirische Material. Die ‚Interaktion' findet hier zwischen den Autoren der *critical incidents*, also den Studierenden und dem Leser der Seminararbeiten, in erster Linie der bewertenden Lehrperson, statt. Im Folgenden zeige ich, wie Studierende *face*-Strategien einsetzen. Zwei Beispiele werden den Sachverhalt auf unterschiedliche Art und Weise verdeutlichen.

Beispiel 1 ist CI 26/1, der bereits ausschnittsweise in Punkt 4.3.1.2 behandelt wurde. Hier nun ist er ausführlicher dargestellt, um auf die *face-work*-Strategie des Studenten genauer eingehen zu können[19]:

> „Da ich diese Idee [an einem Tandemprogramm der Universität teilzunehmen, vds] sehr gut fand und auch die Chance sah auf diese Weise Kontakte zu Einheimischen zu knüpfen, meldete ich mich an und bekam nach kurzer Zeit die E-Mail-Adresse meines Tandempartners zugeschickt. Sein Name war L. und er studierte Tiermedizin. Ich nahm sofort Kontakt auf und wir schrieben uns eine Weile. [...] Schließlich stand unser erstes Treffen bevor. Wir trafen uns in einer Metrostation, um anschließend eine Kleinigkeit essen zu gehen. Die Begrüßung war herzlich [...] und wir stiegen auch direkt in ein lockeres Gespräch unter gleichaltrigen Studenten ein. Es war eine sehr freundschaftliche und vertraute Atmosphäre zwischen uns und ich fühlte mich sehr wohl. [...]
> Nach einer ganzen Weile musste er wieder in die Uni und wir gingen wieder gemeinsam zur Metro. Wir sprachen noch darüber, wann wir uns das nächste Mal treffen könnten, dass wir uns gegenseitig unsere Stundenpläne schicken wollten, um einen neuen Termin auszumachen und als wir uns verabschiedeten, kündigte er mir an, dass ich auch mal mit ihm und seinen Freunden ausgehen könne. Darauf antwortete ich, dass mich das sehr freue, aber dass ich damit gerne noch ein paar Wochen warten wolle. Die Verabschiedung war wieder herzlich und freundschaftlich und so verblieben wir uns bald zu schreiben.
> Ich war von unserem Treffen absolut positiv überrascht und begeistert. Nach einigen Tagen schon schrieb ich L. erneut eine Email um ein neues Treffen zu vereinbaren, weil ich fest davon ausging, dass wir uns regelmäßig treffen wollten. Zunächst bekam ich keine Antwort. Nach einigen Tagen schrieb ich erneut. Wieder keine Antwort. Dann wurde mir schon fast klar, nachdem er sich mehrere Wochen nicht meldete, dass wir uns wohl nicht mehr treffen würden. Mir war nur absolut nicht klar, warum er den Kontakt einfach abgebrochen hatte, obwohl unser Treffen doch so positiv verlaufen war."

[19] Der CI wird inklusive verkürzter studentischer Beschreibung abgebildet, um ein umfassendes Bild von der Selbstanalyse zu erhalten.

Soweit die Beschreibung des *incidents*. Der Student stellt sich nun in seiner Selbstanalyse mehrere Fragen, was er hätte besser machen können, aber auch, was der Tandempartner hätte verbessern können. Eine Frage des Studenten an sich selbst lautet dabei: „Hat er es als Ablehnung und beleidigend empfunden, dass ich, eigentlich aus Schüchternheit, noch nicht so schnell mit seinen Freunden ausgehen wollte?" Die Vermutung liegt nahe, dass die Ablehnung der Einladung zu einem erneuten Treffen den *incident* maßgeblich mitbestimmt hat. Der Student allerdings belässt es im Hinblick auf dieses Thema bei der einen Frage und kommt sehr bald zur folgenden Bewertung in seiner Selbstanalyse:

> „Ich denke, in erster Linie lässt sich eindeutig erkennen, dass die Einschätzung und Planung von **Zeit** (nach Hall) bzw. die **Langzeitorientierung** (nach Hofstede) in diesem Beispiel eine große Rolle spielen. Da ich als Deutsche vorrangig nach einer linearen Zeiteinteilung lebe und langfristig zeitlich zielorientiert bin, war es mir offensichtlich wichtig sofort oder bald einen neuen Termin für ein Treffen zu vereinbaren und auch, dass dieses Treffen in sehr naher Zukunft und regelmäßig stattfindet. Mein spanischer Tandempartner hingegen, polychron veranlagt und kurzfristig zeitlich orientiert, hatte wahrscheinlich noch keine genaue zeitliche Vorstellung von einem erneuten Treffen und wollte dieses sicherlich auch nicht weit im Voraus planen." (Hervorhebungen im Original)

Der Student stützt sich in seiner Selbstanalyse auf zwei Konzepte, die in einem kausalen Zusammenhang mit der Interaktionssituation stehen. Aus dem Material ist jedoch nicht ersichtlich, ob sie allein für den Abbruch des Kontakts verantwortlich sind. Weitere Faktoren, die der Student gar selbst schon in seinen Fragen angesprochen hat, werden in der eigenen Analyse nicht mehr thematisiert. Ein Grund dafür könnte (unbeabsichtigtes?) *face-work* sein. Er wahrt sein eigenes Gesicht dadurch, dass er den Abbruch des Kontaktes auf unterschiedliche Einstellungen zu Zeit und Zeitorientierung zurückführt. Das eigene Verhalten wird, bis auf die eine selbstreflexive Frage, ausgeblendet und nicht weiter in der Analyse verfolgt. Das *face* wird an dieser Stelle durch eine ‚Kulturalisierung' des Konflikts (Ramsauer 2007, 141) geschont.

Eine andere Art, *face-work* zu betreiben, zeigt CI 11/1. Hier handelt es sich um eine Gruppenarbeit, die unter schwierigen Bedingungen durchgeführt wurde. Der Student arbeitet mit sechs Franzosen in einer Gruppe und beschreibt die Voraussetzungen des *incidents*:

> „Da ich von Anfang an gut in die studentische Gemeinschaft integriert wurde und es keine Verständigungsprobleme gab, stand der gemeinsamen Zusammenarbeit nichts im Wege. [...] Die Dozentin hatte anfangs empfohlen, einen Gruppenleiter festzulegen, der im Laufe der Projektgestaltung für die Organisation und die Überwachung des Projektes zuständig sein sollte. Dieser Vorschlag wurde von den Mitgliedern meiner Gruppe jedoch nicht als notwendig erachtet, da die Mehrheit der Meinung war, dass man das Projekt ohne Leitung durchführen könne. Dies stellte sich jedoch aufgrund der hohen Zahl an Gruppenteilnehmern schnell als Trugschluss heraus."

Auch dieser Student nutzt bereits in seiner Beschreibung die Strategie des *face-works*, um nicht in den Verdacht zu geraten, die Gruppenarbeit hätte aufgrund von Verständigungsschwierigkeiten nicht funktioniert. Er weist damit eine erste Vermutung von sich und schließt lexikalische bzw. grammatikalische Probleme aus. In seiner Selbstanalyse geht der Student auf das Zeitkonzept nach Hall ein und erklärt ausführlich die Unterschiede zwischen polychronem und monochronem Arbeiten. Im Anschluss daran greift er den Hinweis der Dozentin auf:

> „Meiner Meinung nach hätte es sehr geholfen, wenn bereits zu Beginn der Arbeit ein Gruppenleiter festgelegt worden wäre. Während der gesamten Arbeit im Team ist es wichtig, immer wieder für ausreichend Motivation zu sorgen, auch wenn dieser Punkt oft vernachlässigt wird. Ein Gruppenleiter stellt gewissermaßen eine ‚Respektsperson' dar, die auch solche Momente zulässt, in denen man – zugunsten der Entspannung – einmal beim gemeinsamen Lachen abschalten kann. [...] Letztendlich übernimmt er auch einen Großteil der Verantwortung, die auf jedem einzelnen der Gruppe lastet."

An mehreren Stellen fordert der Student, einen Gruppenleiter festzulegen. In dieser Argumentation geht er mit dem anfänglichen Hinweis der Dozentin konform. Auch dies ist eine Art, *face-work* zu betreiben: Die eigene Meinung wird durch eine Expertenmeinung – im vorliegenden Fall die der Dozentin – gestützt und erfährt damit eine indirekte Bestätigung.

Face-work wird an vielen Stellen von den Studierenden eingesetzt, zumeist sehr subtil und mit großer Wahrscheinlichkeit unbewusst. Die Studentinnen und Studenten thematisieren – bis auf wenige Ausnahmen – nie, dass sie sich dieser subjektiven Einstellung zu den geschilderten und analysierten *critical incidents* bewusst sind. Den Lesern der *incidents* und ihrer Selbstanalysen muss jedoch stets präsent sein, dass sowohl die geschilderten kritischen Interaktionssituationen immer im Lichte der eigenen Erfahrungen erzählt als auch die Selbstanalysen stets zunächst aus der eigenen Perspektive durchgeführt werden; ferner die vorgeschlagenen Lösungen nur auf die Person des Autors bzw. der Autorin der Seminararbeiten zugeschnitten sind. Im folgenden Kapitel diskutierte ich die studentischen Lösungsvorschläge und zeige, wie Studierende zumindest partiell selbstreflexiv mit solchen Lösungsvorschlägen umgehen, die gegen die eigenen gewohnheitsmäßigen Handlungen verstoßen.

4.3.3 Diskussion der studentischen Lösungsvorschläge

4.3.3.1 Anpassung

Die studentischen Lösungsvorschläge sind – im Gegensatz zu den Beschreibungen und den Selbstanalysen – untereinander sehr heterogen. Zwar ist eine Kategorisierung der Vorschläge möglich, doch ist es unabdingbar, die einzelnen Empfehlungen mit der jeweiligen Situation in Verbindung zu bringen. Nichtsdestotrotz können *incident*-übergreifende Aussagen über die studentischen Lösungsvorschläge getroffen werden.

Zu Beginn dieses Kapitels wurde im Punkt 4.1 bereits angedeutet, dass insgesamt 24 Studierende ‚Anpassung' vorschlagen. Darunter ist zu verstehen, dass der jeweils Kulturfremde die Handlungsweisen der Gastkulturangehörigen kopiert, um mögliche kritische Interaktionssituationen zu vermeiden. Die Studierenden benutzen diese Strategie in Bezug auf das Konzept der Zeit bzw. Pünktlichkeit, auf den Informationsfluss, die (In)Direktheit von Kommunikation oder auch Bräuche und Gewohnheiten, wie z. B. dem Schlange stehen bei einem Bäcker. ‚Anpassung' als Lösungsmöglichkeit ist ein sehr interessanter Vorschlag, da er zwei Bedingungen voraussetzt. Erstens: die Studierenden müssen über eine hohe Beobachtungsgabe verfügen. Ohne Kenntnisse über den vor Ort gebräuchlichen Ablauf der Dinge können sich die Studierenden nicht der Situation anpassen. Daher müssen sie zunächst eine Weile das Geschehen beobachten und auf die für sie relevanten Dinge, beispielsweise ihre Praktikumsaufgaben betreffend, besonders achten. Dies hat allerdings zur Folge, dass sie sich erst zeitlich versetzt anpassen – mögliche *critical incidents* können dann schon geschehen sein. Zweitens: die Studierenden benötigen eine hohe Deutungskompetenz, um die beobachteten Abläufe richtig zu interpretieren und in einen kausalen Zusammenhang zu bringen. Dies wiederum setzt Interpretationserfahrung voraus, die besonders bei einem Auslandsaufenthalt geschult wird, da selbst alltägliche Dinge neu interpretiert werden müssen. Allerdings kann es passieren, dass die Studierenden in einer neuen Umgebung, beispielsweise zu Beginn des Praktikums, die Situationen nicht richtig oder nicht vollständig deuten oder deuten können und somit ihre ‚Beobachtungszeit' verlängern müssen – erneut ein geeigneter Nährboden für *critical incidents*. Die ‚Anpassung' als Lösungsstrategie funktioniert also nur nach einem gewissen Zeitraum; niemand kann sich von Anfang an in die Gemeinschaft so einfügen, dass keine Irritationen entstehen. Nichtsdestotrotz ist dieses Lösungskonzept als dasjenige zu bewerten, welches am nächsten dem Ambiguitätsgedanken der interkulturellen Kommunikation steht: Die Interaktanten müssen zunächst die Situation im Sinne der Gastkultur interpretieren, d. h. *reflektieren*, um ihre Handlungen ihr adäquat anpassen zu können. Die impulshafte und meist unbewusste Aktionssteuerung, die in der Heimatkultur den Alltag bestimmt, wird dadurch minimiert und durch verschiedene bewusstseinspflichtige Handlungsoptionen ersetzt. Somit erreichen die Studierenden einen Status interkultureller Kompetenz, da sie sich ihrer eigenkulturellen Interpretationsschemata bewusst werden, diese gegen die fremdkulturellen abzugrenzen wissen und zusätzlich in der Lage sind, jene kognitiven Vorgänge auch in konative, ergo handlungssteuernde, Elemente umzuwandeln.

Quasi eine nachgelagerte interkulturelle Kompetenz erlangt der Student aus CI 21/1[20], der in seiner nachgelagerten Reflexion mögliche Lösungsansätze erkennt:

> „[Ich hätte] ein viel intensiveres Informationsnetzwerk mit I. und J. [den Kollegen, vds] aufbauen müssen. D. h., ich hätte mich nach Beendigung von Besprechungen nach deren Inhalten und Ausgängen erkundigen sollen und noch viel mehr Teil des Teams werden sollen. Außerdem hätte ich mich auch bei dem beteiligten Produktmanager erkundigen können, sodass ich von allen Seiten meine Informationen eingeholt hätte. Auf diese Art und Weise wäre ich über all [sic!] Änderungen auf dem Laufenden gewesen und hätte mir eine stressige und unwissende Zeit ersparen können. Wiederum würde mir diese Handlung hinsichtlich meines Kulturverständnisses wohl eher schwerfallen, da ich das Gefühl hätte, mich in Sachen einzumischen, die

[20] Der Student ist als Praktikant für die Katalogerstellung seiner Firma zuständig, bekommt jedoch nicht alle relevanten Informationen mitgeteilt. Er erörtert nun mögliche Optionen, diesen Informationsmangel auszugleichen.

> mich nichts angehen und es den Anschein machen könnte, dass ich aus reiner Neugier handle."

Der Student schafft es obendrein, die gefundenen Lösungen in einem weiteren reflexiven Schritt auf ihre Adäquatheit hinsichtlich der eigenen Kultur zu überprüfen. Dabei kommt er zu einem Schluss, auf den auch andere Studierende hinweisen: Die gefundene Lösung steht in Widerspruch zur eigenen gewohnten Handlungsweise und löst dadurch wiederum Irritationen aus. Die Studierenden deuten damit einen Kreislauf an, der im extremen Fall zur Handlungsunfähigkeit führt: man steht vor einer kritischen Interaktionssituation, findet zwar eine Lösung, die aber im Gegensatz zu den habituellen eigenen Handlungen steht und demnach nur eine theoretische Möglichkeit ist, womit der eigentliche *critical incident* jedoch nicht gelöst werden kann. Das vorliegende empirische Material geht nicht auf solch ein für die Forschung sehr interessantes Dilemma ein; die Studierenden deuten zumeist nur etwaige Interferenzen mit ihren gewohnten Handlungen an.

4.3.3.2 Antizipation von Kulturstandards und -dimensionen

Eng verbunden, jedoch mit einer anderen Konnotation versehen, stehen die Lösungen der Studierenden, die die Antizipation und Anwendung von Kulturstandards und Kulturdimensionen vorschlagen. Im Gegensatz zur ‚Anpassung', bei der zunächst beobachtet werden muss, verlagern die Studierenden bei der ‚Antizipation' die Interpretation ins Vorfeld der Interaktionssituation. Mittels kulturtheoretischer Erklärungsmodelle versuchen sie, potenzielle Konfliktfelder vorherzusehen und sich auf diese Weise auf sie einzustellen. Kulturstandards und Kulturdimensionen als kulturtheoretische Erklärungsmodelle werden dadurch zu aktiven Handlungsanleitungen, die direkten Einfluss auf die Interaktanten haben. Wer antizipiert, blendet die Interaktion als kulturkonstituierendes Element einer Situation aus und verlagert sich auf zuvor angenommene Möglichkeiten, die gegebenenfalls gar nicht eintreten. Den Weg dann für andere Interpretationen freizumachen, fällt äußerst schwer und zieht außerdem die Notwendigkeit einer sofortigen Reaktion nach sich, die nicht vorher gedanklich ‚durchgespielt' wurde.

Das Beispiel CI 30/1 verdeutlicht, dass auch ohne die Antizipation von Kulturstandards und Kulturdimensionen kritische Interaktionssituationen gelöst werden können.

Der Student hatte Schwierigkeiten, die Unterschrift des Vorgesetzten auf seinem Praktikantenvertrag zu erhalten. Erst nach mehrmaligem Insistieren unterschrieb ein in der Hierarchie tiefer stehender Mitarbeiter die Vereinbarung. Dieser CI wurde durch persönliches Engagement des Studenten gelöst, er gibt jedoch noch andere Lösungsvarianten an, die obiges Konzept der Antizipation beinhalten:

> „Für das nächste Mal wäre es wichtig, von Anfang an sehr deutlich zu werden, zu betonen, dass die Angelegenheit wichtig ist, immer wieder nachzuhaken und nicht zu lange zuwarten, falls etwas nicht gleich in die Wege geleitet wird. Das wäre auf jeden Fall besser gewesen und hätte zu schnellerem Erfolg geführt. Ich hätte mich wahrscheinlich auch gleich von Anfang an mit der Abteilungsleiterin in Verbindung setzten müssen.
> Ich hätte, mithilfe von Kulturstandards und -dimensionen von Hofstede und Hall, genau überlegen müssen, zu welchen Problemen es aufgrund der kulturellen Unterschiede hätte kommen können und mir Lösungswege überlegen sollen. Hätte ich mir zum Beispiel vorher klargemacht, dass die Personenorientierung in Spanien äußerst wichtig ist, so hätte ich darauf kommen können, mich gleich individuell bei der Chefin vorzustellen. Wahrscheinlich hätte sie, wenn sie mich persönlich gekannt hätte, mein Anliegen von Anfang an mit mehr Dringlichkeit behandelt. Ob es so gekommen wäre, kann man selbstverständlich nicht mit Sicherheit sagen, es ist jedoch äußerst wahrscheinlich."

Der Student selbst schwankt in seiner Argumentation. Auf der einen Seite möchte er Kulturstandards und Kulturdimensionen, die potenzielle Problemträger sein könnten, vorhersehen, auf der anderen Seite schlägt er exakt das vor, was er auch in die Tat umgesetzt hat und schlussendlich erfolgsentscheidend war: nämlich „nachhaken und nicht lange zu warten". Er hat die Personenorientierung genutzt, um an sein Ziel, die Unterschrift auf dem Vertrag, zu gelangen. Nun aber revidiert er sein eigenes erfolgreiches Handeln. Er bewertet seine ursprünglichen Handlungen negativ („Das wäre auf jeden Fall besser gewesen und hätte zu schnellerem Erfolg geführt.") und ersetzt sie durch vorgelagerte Spekulationen, welche Kulturstandards und Kulturdimensionen eventuell in der Situation zum Tragen kommen könnten („Ich hätte, mithilfe von Kulturstandards und -dimensionen von Hofstede und Hall, genau überlegen müssen, zu welchen Problemen es aufgrund der kulturellen Unterschiede hätte kommen können und mir Lösungswege überlegen sollen."). Durch diese ‚Antizipation', die der Student vornehmen will, geht er weder auf die Belange des Unternehmens noch die der Chefin ein - er generalisiert also sein präferiertes Handeln und blendet individuelle Komponenten der Situation aus - und behindert sich damit in der Möglichkeit, auf andere Situationskonstellationen, die möglicherweise eintreten, ad hoc reagieren zu können. Der Reflexionsprozess, welche Handlung nun adäquat ist, müsste dann in der neu eingetretenen, nicht vorhergesehenen Situation spontan und ohne vorherige Zeit zum Antizipieren noch einmal beginnen.

4.3.3.3 Dialog und Erklärungen

Einen mehrheitlich eigenkulturell geprägten Lösungsweg schlagen verschiedene Studierende ein. Sie empfehlen, die Situationen per Dialog und Erklärungen zu lösen. Keine Studentin bzw. kein Student hat diese Lösungsvariante in der Situation ausprobiert; sie entstand in den nachgelagerten Reflexionen während der Seminararbeit. Einige der Studierenden haben ‚Dialog und Erklärungen' gedanklich durchgespielt (s. u.). Zunächst möchte ich jedoch kritisch-theoretische Ausführungen dieser Lösungsvariante voranstellen.

Die direkte Ansprache von Problemen benötigt insbesondere beim Interaktionspartner gleich mehrere Voraussetzungen. Er muss zunächst einmal selbst das Problem erkannt haben. Probleme in der interkulturellen Kommunikation entstehen oft dadurch, dass aufgrund des fremdkulturellen Verhaltens eigene Deutungsmuster an ihre Grenzen stoßen und dadurch Irritationen bei demjenigen entstehen, der sich in der Gastkultur befindet. Zumeist handeln die Gastkulturangehörigen nach ihrem ‚normalen' Schema – d. h., sie werden keine Probleme spüren und können folglich diese auch nicht erkennen. Eine Erklärung müsste also erst einmal das Problem an sich verdeutlichen, bevor es zu weiteren Aussprachen kommen kann. Zweitens muss der Interaktionspartner gewillt sein, sich Erläuterungen anzuhören. Die Gefahr besteht eindeutig darin, dass interkulturell Geschulte plötzlich anfangen, von Kultur und interkultureller Kommunikation zu sprechen – Konstrukten, von denen der Partner im schlimmsten Fall noch nie etwas gehört hat. Drittens muss bei dem Lösungsansatz ‚direkte Kommunikation' die Gastkultur für eine solche Kommunikationsart empfänglich sein – im vorliegenden empirischen Material zeigen verschiedene *critical incidents* immer wieder, dass gerade die direkte Kommunikation das Kernproblem darstellte. Zwar verspricht dieser Lösungsweg aus der eigenkulturellen Sicht eine schnelle Klärung der Situation, doch nicht alle fremdkulturellen Interaktionspartner sind auf diese Art von Metakommunikation gefasst und nehmen gegebenenfalls die ursprünglich situationsentschärfenden Versuche als *ver*schärfende Komponenten wahr. Besonders hier zeigt sich, dass die Lösungsmöglichkeiten selbst noch einmal auf ihre kulturellen Angepasstheiten überprüft werden müssen, um nicht noch kritischere Interaktionssituationen hervorzurufen.

Genau diese Reflexionsschleife deutet der Student im CI 08/1 an, der Probleme mit einer Gruppenarbeit hatte, die gemeinsam mit Franzosen erledigt werden sollte. Er schlägt die direkte Kommunikation und Erklärungen als Lösungswege vor, verweist jedoch gleichzeitig auf den indirekten Kommunikationsstil der Franzosen:

> „Ein offenerer Umgang der Gruppenmitglieder miteinander hätte sicherlich einige Missverständnisse aus dem Weg räumen und sogar verhindern können. Ein größeres Bewusstsein über die kulturellen Unterschiede hätte beide Seiten im Hinblick auf Unterschiede von Bring- und Holschuld sowie Direktheit und Indirektheit einen Kompromiss finden lassen können. Je früher und ausgiebiger über Verschiedenartigkeiten geredet wird, desto eher lassen sich Lösungen finden und Irritationen vermeiden. Dabei sollten die Deutschen aber darauf achten, Kritikpunkte nicht direkt anzusprechen und damit die Franzosen nicht zu verletzen und einzuschüchtern. [...] Ein ehrliches und freundliches Miteinander ist der Grundstein für eine problemlose und effiziente Zusammenarbeit."

Die hier vorgeschlagenen Lösungen könnten zu einem besseren Gruppenarbeitsklima führen, auch wenn die Wahrscheinlichkeit groß ist, dass zunächst sehr viel Zeit allein für die Erklärung der Konzepte ‚Bring- und Holschuld von Informationen' oder auch ‚Direktheit und Indirektheit von Kommunikation' aufgebracht werden muss. Interessant ist der letzte Satz des Studenten. Er attribuiert den „offenen Umgang" mit Ehrlichkeit und Freundlichkeit – dabei stellen gerade für Franzosen indirekte Formulierungen eine höfliche Ausdrucksweise dar (Jahn 2006, 71). Besonders dieser letzte Satz gibt den Hinweis darauf, dass die vorgeschlagenen Lösungen stark eigenkulturell gefärbt sind. Konzepte wie Ehrlichkeit, Freundlichkeit und Effizienz beinhalten eine Vielzahl an kulturellen Deutungsunterschieden. Die vorliegenden studentischen Analysen zeigen, dass auch nach einem Auslandsaufenthalt Supervision durch die interkulturelle Lehre notwendig ist, um beispielsweise solche Feinheiten differenzierter klären zu können.

4.3.3.4 Keine weiteren oder individuelle Lösungen

Der Fakt, dass mehrere Studierende keine weiteren Lösungen gefunden haben, ist nicht zu unterschätzen. Die Gründe wurden bereits in 4.1 genannt: Zum einen gelten die ad hoc gefundenen Lösungen als die nach wie vor aktuellen, zum anderen gibt es auch nach der Selbstanalyse Situationen, die nicht gelöst werden können. Tatsächlich befinden sich unter den letztgenannten recht rätselhafte *critical incidents*, die jedoch vermutlich nicht interkulturelle Hintergründe aufweisen, sondern eher durch die Personen der Interaktanten maßgeblich beeinflusst wurden. Als Beispiel soll sowohl die Beschreibung als auch die vorgeschlagene Lösung aus CI 33/2 gezeigt werden:

Beschreibung:

„Um ihr [der Freundin des Studenten, vds] möglichst viel von der Stadt zu zeigen und auch das Nachtleben nicht zu kurz kommen zu lassen, hatten wir [...] uns am Abend im Hard Rock Café [...] verabredet. [...] Gegen 24 Uhr steigen wir dann in die Linie 1 der Barcelonaer Metro, um nach Hause zu fahren. Trotz der für einen Wochentag fortgeschrittenen Stunde war die U-Bahn recht gut gefüllt. Wir hatten jedoch Glück und fanden 4 Plätze, von denen sich zwei in Fahrtrichtung und zwei entgegen dieser befanden. Wir konnten uns also bei der Fahrt gegenübersitzen und uns so weiter unterhalten. Das taten wir, da wir alle drei Deutsche sind, auf Deutsch. [...] Nach etwa der Hälfte der Strecke, stieg an der Haltestelle Universitat ein junger Mann (ca. 25 Jahre) in legerer Kleidung und einer Umhängetasche zu. Er schaute sich kurz im Abteil und setzte sich dann auf den freien Platz neben K. und gegenüber von I. Noch bevor er überhaupt eingestiegen war und sich zu uns setzte, hatten wir uns darüber unterhalten, dass wir alle in dieser Woche zurück nach Deutschland fliegen würden: K.s Urlaub war fast vorbei und I. und ich nutzten einen Feiertag, um für ein paar Tage nach Hause zu fliegen. In dem Moment, als der junge Mann sich also zu uns setzte, sagte I. gerade zu uns ‚Hallelujah, in drei Tagen geht's ab nach Hause.'. Noch bevor die Hose des Jungen auch nur den Sitz berührt hatte, sprang er auch schon wieder auf und schimpfte ganz empört und leider auch ziemlich nuschelnd auf uns ein, bevor er sich ans andere Ende des U-Bahn-Wagens stellte und in eine andere Richtung blickte. Verdutzt blickten wir ihm nach, konnten uns aber nicht erklären, was I. so Schlimmes gesagt hatte. [...]" [sic!]

Vorgeschlagene Lösung:

„Aus meiner Sicht heute wäre es vielleicht gut gewesen, ihn nach dem Grund seines Unmutes zu fragen und das Missverständnis aus der Welt zu schaffen. Uns hätte das in seinen Augen vielleicht ‚entlastet' und er hätte nicht das Gefühl gehabt, angegrif-

> fen worden zu sein. Andererseits handelt es sich bei Barcelona um eine Großstadt, in der solche kleinen Konflikte tagtäglich tausendfach stattfinden und auch in der Anonymität untergehen. Man stellt sich die Frage: Ist das den Aufwand wirklich wert? Schließlich ist die Wahrscheinlichkeit, ihn wieder zu sehen, verschwindend gering."

Der Student ist auch in seiner Analyse recht ratlos, gibt zum Schluss jedoch noch den Hinweis, dass eine direkte Ansprache des Problems vielleicht zum Entschärfen der Situation beigetragen hätte. Dennoch erschließt sich auch dem Leser des *incidents* nicht, warum der junge Mann auf diese Art und Weise reagierte. Aufgrund dessen ist es nachvollziehbar, dass der Student – bis auf die direkte Ansprache – keine weiteren Lösungsmöglichkeiten angibt. Solche *critical incidents* sind, wenn überhaupt, nur auf der individuellen Ebene oder mit Instrumenten zu lösen, die nur für die jeweilige Situation gelten. Zehn Studierende werden diesem Sachverhalt in ihren Lösungsvorschlägen gerecht, indem sie verschiedenste Konzepte zurate ziehen, um der Situation einen möglichen Ausweg zu zeigen.

Die hier in Teilen aufgezeigte Vielfalt der Lösungsvorschläge ist ein Beleg für einen gut diversifizierten Fundus an kreativen Möglichkeiten, über den die Studierenden nach ihrem einjährigen Auslandsaufenthalt verfügen, um kritische Interaktionssituationen entweder ganz zu lösen oder zumindest entschärfen zu können.

4.4 Schlussfolgerungen

Aus der Metaanalyse des empirischen Materials ergeben sich nicht nur einzelne Schlussfolgerungen, die im Folgenden dargestellt sind, sondern es kann vor allem ein Modell abgeleitet werden, welches sich dazu eignet, in der interkulturellen Lehre eingesetzt zu werden. Dieses als ‚Reflexionsstufenkonstrukt' bezeichnete Modell fasst die einzelnen Entwicklungsschritte der Reflexionsfähigkeit der Studierenden zusammen, welche zwar in den vorigen Kapiteln angesprochen, bis dato aber noch nicht im Zusammenhang betrachtet wurden. Dem ‚Reflexionsstufenkonstrukt' wird ein ähnliches, in der Literatur bereits bekanntes Modell von Krewer (1994) vergleichsweise zur Seite gestellt.

Nach einem eher quantitativ orientierten Erstüberblick über das empirische Material wurden aus diesem drei Problemschwerpunkte vorgestellt: Gruppenarbeiten in der Universität, der Umgang mit Zeit und der Umgang mit Informationsflüssen. Die Studierenden zeigen sich überrascht, dass es unterschiedliche Arbeitsweisen in Gruppen gibt und das sowohl französische als auch spanische Kommilitonen, Kollegen und Freunde einen stark differierenden Umgang mit dem Konstrukt ‚Zeit‘ pflegen.

Die Analyse der Beschreibungen ergab die unabdingbare Notwendigkeit, Emotionen in den Schilderungen der *critical incidents* darzustellen. Anderenfalls können externe Leserinnen und Leser kaum nachvollziehen, welche Probleme tatsächlich für die Betroffenen entstanden sind. Am deutlichsten werden Emotionen in narrativ-extensiven Beschreibungen dargestellt, die nüchtern-informativen hingegen weisen nicht immer Emotionsbezüge auf. Die Analyse der Schilderungen der *critical incidents* zeigt, dass die Studierenden Situationen vor Ort zu beobachten und nachgelagert beschreiben können. Daraus ergibt sich eine erste Reflexionsstufe: Die Studierenden erkennen Probleme und betten diese in einen Gesamtzusammenhang ein. Auf dieser Stufe kann eine Parallele zu den beiden ersten Entwicklungsstufen von Krewer gezogen werden (Krewer 1994, 149): Nach ihm werden kulturelle Unterschiede zunächst ausschließlich auf die Person zurückgeführt („ethnozentrische Personalisierung“), danach gibt es eine „kulturalistische Überinterpretation“, die auch teilweise im untersuchten empirischen Material verankert ist, wie die ‚Kulturalisierung des Konflikts‘ im Falle der *face*-Strategien zeigte. Nach Krewer sind die hier zu erreichenden Lernziele die „Bewusstmachung kultureller Differenzen [...] [sowie] das Erkennen eigener Kulturstandards und die Analyse der Auswirkung [...] auf interkulturelle Kommunikation“ (ebd.). Gleiches gilt auch für Stufe 1 im hier vorgestellten Reflexionsstufenmodell. Durch das Bewusstmachen der kritischen Interaktionssituationen bereiten sich die Studierenden selbst auf eine mögliche Verhaltensmodifikation vor. Das Erkennen – und *An*erkennen – von Problemen ist Voraussetzung für einen kognitiven Prozess, der in eine reflektierte Änderung des Verhaltens mündet und im Idealfall sowohl die fremdkulturelle als auch die eigenkulturelle Sicht vereint.

Die Selbstanalyse spiegelt diesen kognitiven Prozess teilweise wider: Die Situation wird in ihrem Kontext betrachtet und möglichst mit fremdkulturellen Deutungsweisen interpretiert. Zusätzlich benutzen die Studierenden kulturtheoretische Konstrukte, um das Verhalten der fremdkulturellen Partner, seltener ihr eigenes, zu erklären. Dadurch versetzen sie sich in eine übergeordnete Position und betrachten die ursprünglich selbst erlebte Situation nun von ‚außen‘. Diese ‚Metaposition‘ kann als eine zweite Reflexionsstufe angesehen werden: Die eigen- und fremdkulturelle Deutung eines *incidents* geht bereits weit über die reine Beobachtung und automatische, da eigenkulturelle, Interpretation einer Situation hinaus. Krewer spricht gleichsam von einer „kulturbewußten Re-personalisierung", die dazu führt, dass die Existenz kultureller Regeln unterschiedlicher Art vom Individuum akzeptiert wird (Krewer 1994, 149). Das empirische Material zeigt, dass die Studentinnen und Studenten schon über verschiedene Instrumentarien zur Interpretation der jeweiligen Situationen und ihrer zugrunde liegenden Regeln verfügen, doch sollte zukünftig stärker auf den interaktionistischen Ansatz einer Kontaktsituation hingearbeitet werden. Dazu gibt Kapitel 5 ausführliche Hinweise.

Die studentischen Lösungsvorschläge sind zum Teil bereits in die Tat umgesetzte Ideen, wie zukünftig das Kritische in ähnlich gelagerten Interaktionssituationen gemildert werden kann. Anders ausgedrückt bedeuten die Lösungsvorschläge auch Handlungsoptionen, die aus den *critical incidents* erwachsen sind oder nun nachgelagert als Möglichkeiten für vom Original abweichende Handlungen gelten. Solch eine Adaptation der Handlungen bezeichne ich als dritte Reflexionsstufe, da die Studierenden überlegen, wie sie ihre eigenen Aktivitäten modifizieren können, um entweder einer kritischen Interaktionssituation aus dem Weg zu gehen oder um die aktuelle Situation zu entschärfen. Dazu bedarf es der beiden vorherigen Stufen. Zunächst müssen die Interaktanten das Problem erkannt haben, anschließend müssen sie es auf eine bestimmte Art und Weise deuten können, um sich nun mögliche Handlungsalternativen zu überlegen. Die Analyse der studentischen Lösungsvorschläge hat deutlich ergeben, dass diese Handlungsoptionen stark individualisiert sind. Diese Individualisierung spiegelt den synergetischen Kreativitätsgedanken Krewers wider: „Mit der Einsicht in die Gestaltungsmöglichkeiten interkultureller Handlungsregeln und -formen treten die interpersonalen und intergruppalen Potentiale der Schaffung neuer interkultureller Lösungen in den Vordergrund." (Krewer 1994, 149). Die Interaktanten werden also kreativ, d. h. sie entwickeln im Idealfall eine *gemeinsame* neue Kultur des Miteinanders. Dazu bedarf es gegebenenfalls einer erneuten Prüfung der eigenen Handlungen, welche bereits bei Krewer anklingt, die ich allerdings explizit als Stufe 4 im Reflexionsstufenkonstrukt hinzufüge.

Sie besagt, dass die modifizierten Handlungen erneut auf ihre Kulturadäquatheit hin überprüft werden müssen, sodass ein zirkulärer Reflexionsprozess einsetzt, der sowohl die fremd- als auch die eigenkulturellen Sichtweisen berücksichtigt und idealerweise in einer gemeinsamen dritten Kultur (Ramsauer 2007, 142) der beiden Interaktionspartner kulminiert. Denn würde die modifizierte Handlung nur wieder die eigenkulturelle Sichtweise darstellen, wäre der Lösung des *incidents* nicht gedient, im Gegenteil, es könnten sich weitere kritische Situationen daraus ergeben. Durch ein Deuten und Re-Interpretieren der adaptierten Handlungen – idealerweise von beiden Seiten kommend – kann sich eine dritte Kultur etablieren, die beide Einflüsse aufnimmt. Damit schließt sich der Kreis zur Kulturdefinition von Helmolts, wonach die Interaktanten durch die Kultur beeinflusst diese in ihren Handlungen vor allem selbst konstituieren.

Die hier vorgestellten und in Abbildung 3 grafisch dargestellten Reflexionsstufen sind ein aus dem empirischen Material abgeleitetes Konstrukt, welches die einzelnen Fähigkeiten der Studierenden in Bezug auf die *critical incidents* und ihrer Selbstanalyse auf einer abstrahierten Ebene widerspiegelt. Krewer entwickelte dazu bereits 1994 das vorgestellte ähnliche Konstrukt des Fremdverstehens als Entwicklungsstufenmodell. Zusammenfassend können beide, bei positiver Evaluierung durch zukünftige empirische Daten des Reflexionsstufenkonstrukts, als Leitfäden zur Erreichung bestimmter Stufen bei den Studierenden verstanden werden.

Stufe	Reflexionsstufenmodell (da Silva)	Entwicklungsstufenmodell (Krewer)
1	Beobachten und Erkennen	ethnozentrische Personalisierung und kulturelle Überinterpretation
2	eigen- und fremdkulturelle Interpretation	Kulturbewusste Repersonalisierung
3	Ableiten der Handlung	
4	ggf. Re-Validation der modifizierten Handlung	(Inter)Kulturelle Kreativität (Synergie)

Abbildung 3: Reflexions- und Entwicklungsstufenmodell

Die Reflexionsstufen stellen einen sehr abstrakten Prozess des Erlebens von *critical incidents* dar. Besonders ab Stufe 2 benötigen die interkulturell Lernenden *inputs*, die in dieser Art und Weise nur im interkulturellen Training erfolgen können. Da die Studierenden bereits ein vollständiges Training und dazu noch interkulturelle Erfahrungen im Ausland gesammelt haben, konnten diese Stufen aus dem Material abgeleitet werden. Für zukünftige Generationen kehrt sich dieser Prozess um. Sie schätzen über das Reflexionsstufenkonstrukt ihre Situationen adäquater ein, da sie sich die Prozesse innerhalb der Interaktion vergegenwärtigen können. Wissen über das Funktionieren von interkulturellen Begegnungen, aber auch die Mechanismen von Problem- sowie Handlungsmodifizierungen, ist unabdingbar für das Erreichen von interkultureller Kompetenz.

5 Empfehlungen für die interkulturelle Lehre

5.1 Empfehlungen vor dem Auslandsaufenthalt

Die Studierenden zeigen im empirischen Material einen deutlichen Hang zu den Konzepten ‚Kulturdimensionen' und ‚Kulturstandards'. Trotz der zu Beginn ihres interkulturellen Trainings erhaltenen interaktionistischen Kulturdefinition substituierten sie diese durch die genannten statischen Konzepte. Daraus ergibt sich ein kulturkontrastives Denken, welches nicht nur Stereotypen bei den Studierenden fördert, sondern, wie im Punkt 4.3.3.2 besonders deutlich zu sehen war, darin kulminieren kann, dass Kulturstandards und -dimensionen als Handlungsanleitungen gesehen werden und nicht mehr als konzeptuelle Annahmen, die einer Kultur zu Grunde liegen. Für die interkulturelle Lehre leitet sich daraus ein verstärktes Insistieren auf den interaktionistischen Ansatz des dynamischen Kulturbegriffes ab. Unabdingbar ist, dass Studentinnen und Studenten die Interaktionssituation als solche bewusst wird und sie erkennen, dass sie diejenigen sind, die gemeinsam mit ihren Interaktanten die Kultur herstellen und nur grundlegend von ihr beeinflusst werden. Die konkrete Ausgestaltung dieses Einflusses liegt jedoch beim Individuum selbst. Ein zweiter Effekt der Fokussierung auf die Interaktion als zentrales Element ist das Abwenden von der Nationalkultur als Distinktionsmerkmal. Sobald das Individuum in den Mittelpunkt der Analyse gestellt wird, ist es zunächst unerheblich, welche Staatsangehörigkeit es besitzt. Gleichzeitig können stereotypenbehaftete Konnotationen in den Reflexionen umgangen werden. Drittens wird vermieden, dass Studierende die beiden Konzepte Kulturstandards und -dimensionen zukünftig falsch verstehen und sie gar als aktive Handlungsanleitungen benutzen. Die Konzentration auf die Interaktanten als handelnde und selbststeuernde Personen – und nicht mehr als anonymes Teilchen einer großen Masse – verhelfen den Studierenden zu einem besseren Verständnis der fremdkulturellen Sicht auf die Interaktion. Sowohl das Wissen um Ambiguitäten als auch differierende Interpretationsvarianten rücken stärker ins Bewusstsein und befähigen im Idealfall die Studenten später im Ausland, die Situationen insgesamt umfassender, d. h. aus eigen- und fremdkultureller Sicht, zu betrachten. Das in 4.4 vorgestellte Reflexionsstufenmodell kann für die interkulturelle Lehre als Hilfsmittel dienen. Die einzelnen Stufen sind in diesem Fall als Trainingsziel anzusehen, welches die Studierenden mithilfe des Dozenten erreichen können. Vor dem Auslandsaufenthalt werden durch die Vermittlung der Theorie und Simulationen von Interaktionssituationen die Stufen 1 und 2 trainiert, das heißt die Studentinnen und Studenten werden befähigt, *critical incidents* als solche zu erkennen und auf unterschiedliche Art und Weise zu interpretieren. Dazu ist theoretisches Wissen um Problemsituationen und das Bewusstsein für diverse Interpretationsvarianten bei den Interaktanten notwendig. Stufe 3 kann nur bedingt vorab trainiert werden, da die Ableitung einer modifizierten Handlung vor allem auf Erfahrungen beruht, die die Studierenden erst noch im Ausland machen. Diese Erfahrungen wiederum werden nach dem Auslandsaufenthalt zum Gegenstand von nachgelagerten Reflexionen.

5.2 Empfehlungen während und nach dem Auslandsaufenthalt

Eine profunde und gut organisierte Begleitung während des Auslandsaufenthaltes und nach der Rückkehr kann helfen, die erworbenen interkulturellen Fähigkeiten nachhaltig zu vertiefen. Studierende können insbesondere in der Nachbereitungsphase erstens ihre Erfahrungen schildern und zweitens die Erlebnisse in einen Gesamtzusammenhang mit der vor dem Aufenthalt erworbenen Theorie bringen.

Ähnlich gelagerte Arbeiten, wie die studentischen Seminararbeiten, die das vorliegende empirische Material bilden, sind eine gute Ausgangsbasis für solch eine Nachbereitung. Wichtig ist hierbei, dass die Studierenden eine Moderation erfahren, die ihnen hilft, ihre Gedanken zu strukturieren und auf einer wissenschaftlichen Basis zu reflektieren. So muss in diesem Zusammenhang vor allem darauf geachtet werden, dass Studentinnen und Studenten der Begriff ‚*critical incidents*‘ keine Probleme mehr bereitet. Die im Punkt 2.2.2 vorgestellte Definition ist dafür aufgrund ihres symbiotischen Charakters verschiedener Begriffsbestimmungen eine gute Ausgangsbasis. Mithilfe einer dozentenmoderierten Nachbereitung können die Reflexionsstufen 3 und 4 intensiver beleuchtet werden, denn nun verfügen Studierende über im Ausland erworbene Erfahrungen mit Handlungen. Sie mussten diese modifizieren und wissen nun, wie kulturelle Unterschiede in der Praxis funktionieren. Die interkulturelle Lehre kann auf diesem Erfahrungsschatz aufbauen und ihn sich zunutze machen. Exemplarisch ausgewählte Fallbeispiele können Grundprobleme, wie sie beispielsweise in 4.2 vorgestellt wurden, noch einmal illustrieren und einer tiefer gehenden Reflexion zugänglich machen. Die Diskussion selbst erlebter *critical incidents* und ihrer Lösungsvarianten in Vorlesungsreihen oder Trainingsseminaren stellen eine gute Möglichkeit dar, diverse Interpretationen mehrerer Studierender einzuholen, um so die Handlungsvarianten in der Situation selbst einer Reflexion zuzuführen.

Supervisionsansätze bereits während des Auslandsaufenthaltes verfolgen die gleichen Ziele. Sie haben den Vorteil, dass die geschilderten Situationen zeitlich wesentlich näher liegen und kognitive Filterungsprozesse sich noch nicht vollständig entfalten konnten. Somit sind die Beschreibungen insgesamt detailreicher und authentischer. Vor Ort reflektierte, erst kürzlich entstandene *critical incidents* können außerdem zukünftigen kritischen Interaktionssituationen bereits als Erfahrung dienen und diese maßgeblich, im Idealfall positiv, beeinflussen.

6 Plädoyer

Die vielen hier vorgestellten *critical incidents* lassen den Eindruck entstehen, interkulturelle Kommunikation sei per se problembeladen. Dabei sind es gerade die gelungenen Interaktionssituationen, die einerseits den Erfolg eines Auslandsaufenthaltes maßgeblich mitbestimmen und andererseits mindestens genauso viel Lernpotenzial besitzen wie die misslungenen Situationen. Der Schlüssel zur Lösung beider Situationen – den gelungenen wie misslungenen – liegt in der Anerkennung der Komplexität menschlicher Interaktion. Schlussendlich handeln Individuen und diese agieren auf höchst komplizierte Art und Weise. Wie die vorliegende Untersuchung zeigt, haben nationalkulturorientierte Erklärungsansätze zwar ihre Existenzberechtigung, bei der Analyse von individuellen Interaktionssituationen sind sie allerdings mehr hinderlich denn hilfreich. Ziel interkulturellen Lernens sollte es daher sein, zuerst den Menschen in seiner Komplexität anzuerkennen. Sprache, Denken und Handeln sind für sich genommen bereits kompliziert, in ihrem Zusammenspiel jedoch ergeben sie ein weitverzweigtes Netz an Interdependenzen. Daher muss besonders in Interaktionssituationen das Individuum an erster Stelle stehen – Probleme werden von Menschen generiert und sind somit auch nur mit ihnen lösbar. Erst in einem zweiten Schritt können die Kultur und etwaige Kulturtheorien als Erklärungsalternativen herangezogen werden. *Critical incidents* sind nicht im Vorhinein vermeidbar. Mit Hilfe von Kulturtheorien können auftretende Probleme besser verstanden werden, doch die Fokussierung auf den handelnden Menschen ist unabdingbar. Denn nur wenn sich stets bewusst gemacht wird, dass menschliches Handeln komplex ist, ergo der individuelle Charakter eines jeden Handelnden in den Mittelpunkt gerückt wird, kann das Problematische in *critical incidents* zukünftig schneller erkannt und eine potentielle Lösung eher gefunden werden. Auch die Studierenden im vorliegenden Material haben mit ihren erbrachten Lösungsvorschlägen, die bereits als zukünftige Handlungsoptionen angesehen werden können, Ideen aufgezeigt, wie mit Schwierigkeiten in der interkulturellen Kommunikation umgegangen werden kann. Verknüpft mit ihren Erlebnissen im Ausland, den nachgelagerten Analysen und jenen zusätzlich gefundenen Lösungen haben sie ihre Handlungsmöglichkeiten insgesamt und besonders in interkultureller Hinsicht erweitert.

Literaturverzeichnis

Arthur, Nancy (2001): Using critical incidents to investigate cross-cultural transitions. In: International Journal of Intercultural Relations, 25, 1, 41-53.

Atteslander, Peter (2006): Methoden der empirischen Sozialforschung. 11. Aufl. Berlin: Erich Schmidt.

Bhawuk, Dharm P.S. (2001): Evolution of culture assimilators: toward theory-based assimilators. In: International Journal of Intercultural Relations, 25, 2, 141-163.

Bolten, Jürgen (2001): Kann man Kulturen beschreiben oder erklären, ohne Stereotypen zu verwenden? Einige programmatische Überlegungen zur kulturellen Stilforschung. In: Bolten, Jürgen / Schröter, Daniela (Hg.): Im Netzwerk interkulturellen Handelns. Theoretische und praktische Perspektiven der interkulturellen Kommunikationsforschung. Sternenfels: Wissenschaft und Praxis, 128-142.

Brislin, Richard (2002): Encouraging depth rather than surface processing about cultural differences through critical incidents and role plays. In: Lonner, Walter J. / Dinnel, Dale L. / Hayes, Susanna A. / Sattler, David N. (Hg.): Online Readings in Psychology and Culture (Unit 16, Chapter 2). Bellingham, Washington USA: Center for Cross-Cultural Research, Western Washington University. Online verfügbar: http://www.wwu.edu/~culture (Zugriff: 05.05.2008).

Chell, Elizabeth (1998): Critical Incident Technique. In: Symon, Gillian / Cassell, Catherine (Hg.): Qualitative Methods and Analysis in Organizational Research: A Practical Guide. London: Sage, 51-72.

Dant, William (1995): Using critical incidents as a tool for reflection. In: Fowler, Sandra M. / Mumford, Monica G. (Hg.): Intercultural Sourcebook: Cross-Cultural Training Methods. Vol. 1, Yarmouth, ME: Intercultural Press, 141-146.

Demorgon, Jacques / Molz, Markus (1996): Bedingungen und Auswirkungen der Analyse von Kultur(en) und interkulturellen Interaktionen. In: Thomas, Alexander (Hg.): Psychologie interkulturellen Handelns. Göttingen: Hogrefe, 43-86.

Eckensberger, Lutz H. (1992): Agency, action and culture: three basic concepts for psychology, in general and for cross-cultural psychology, in specific; elaborated version of an invited lecture at the 3rd Regional Asian Conference of the IACCP, Kathmandu, Jan., 2. – 7. 1992. In: Arbeiten der Fachrichtung Psychologie, 165, Saarbrücken: Universität des Saarlandes, 1-19.

Eckensberger, Lutz H. (1996): Auf der Suche nach den (verlorenen?) Universalien hinter den Kulturstandards. In: Thomas, Alexander (Hg.): Psychologie interkulturellen Handelns. Göttingen: Hogrefe, 165-197.

Fachbereich Sprachen (2008): Internes Arbeitspapier. Unveröffentlichte Arbeitsanweisung. Zwickau: Westsächsische Hochschule.

Fichten, Wolfgang / Dreier, Birgit (2003): Triangulation der Subjektivität – Ein Werkstattbericht. In: Forum Qualitative Sozialforschung, 4, 2, Art. 29, online verfügbar: http://nbn-resolving.de/urn:nbn:de:0114-fqs0302293 (Zugriff: 24.04.2008).

Fiedler, Fred E. / Mitchell, Terence / Triandis, Harry C. (1971): The Culture Assimilator. An Approach to cross-cultural Training. In: Journal of Applied Psychology, 55, 2, 95-102.

Flanagan, John C. (1954): The Critical Incident Technique. In: Psychological Bulletin, 51, 4, 327-359.

Gmelch, George (1997): Crossing Cultures: Student Travel and Personal Development. In: International Journal of Intercultural Relations, 21, 4, 475-490.

Göbel, Kerstin (2001): Die Bedeutung der Analyse interkultureller Konfliktlösestrategien für die interkulturelle Erziehung an Schulen: Forschungsergebnisse einer Akkulturationsstudie in Chile. In: Auernheimer, Georg / Dick, Rolf van / Petzel, Thomas / Wagner, Ulrich (Hg.): Interkulturalität im Arbeitsfeld Schule. Empirische Untersuchungen über Lehrer und Schüler. Opladen: Leske + Budrich, 161-175.

Göbel, Kerstin (2003): Critical Incidents – Aus schwierigen Situationen lernen. Vortrag im Rahmen der Fachtagung Lernnetzwerk Bürgerkompetenz, 17. / 18. Dezember 2003 in Bad Honnef. Online verfügbar: http://www.dipf.de/publikationen/volltexte/vortrag_goebel_critical_incidents_2003.pdf (Zugriff 11.05.2008).

Goffman, Erving (1997): Wir spielen alle nur Theater. 6. Aufl. München / Zürich: Piper.

Griese, Birgit (2005): Triangulation: Ein Forschungsmodell in der empirischen Sozialforschung. Arbeitspapier. Universität Mainz. Online verfügbar: www.uni-mainz.de/FB/Paedagogik/Erwachsenenbildung/Dateien/triangulationonline.pdf (Zugriff: 24.04.2008).

Hall, Edward T. (1990): The Silent Language. New York: Anchor Books.

Helmolt, Katharina von (1997): Kommunikation in internationalen Arbeitsgruppen. München: Iudicium.

Helmolt, Katharina von (2007): Interkulturelles Training: Linguistische Ansätze. In: Straub, Jürgen / Weidemann, Arne / Weidemann, Doris (Hg.): Handbuch interkulturelle Kommunikation und Kompetenz. Grundbegriffe – Theorien – Anwendungsfelder. Stuttgart, Weimar: Metzler, 763-773.

Hiller, Gundula Gwenn (2007): Interkulturelle Kommunikation zwischen Deutschen und Polen an der Europa-Universität Viadrina. Eine empirische Analyse von Critical Incidents. Frankfurt (M.) / London: Iko.

Hofstede, Geert (1980): Culture's Consequences: international differences in work-related values. Beverly Hills: Sage.

Hofstede, Geert (1993): Interkulturelle Zusammenarbeit. Kulturen, Organisationen, Management. Wiesbaden: Gabler.

Jahn, Judith (2006): Kulturstandards im deutsch-französischen Management. Die Bedeutung unterschiedlicher Handlungs- und Verhaltensmuster von Deutschen und Franzosen. Wiesbaden: DUV.

Kumbier, Dagmar / Schulz von Thun, Friedemann (2006): Interkulturelle Kommunikation aus kommunikationspsychologischer Perspektive. In: Kumbier, Dagmar / Schulz von Thun, Friedemann (Hg.): Interkulturelle Kommunikation: Methoden, Modelle, Beispiele. Reinbek bei Hamburg: Rowohlt, 9-27.

Kessen, Stefan (2004): Kultur in der Mediation. In: Mehta, Gerda / Rückert, Klaus (Hg.): Streiten Kulturen? Konzepte und Methoden einer kultursensitiven Mediation. Wien / New York: Springer, 119-134.

Kinast, Eva-Ulrike (2005): Interkulturelles Training. In: Thomas, Alexander / Kinast, Eva-Ulrike / Schroll-Machl, Sylvia (Hg.): Handbuch Interkulturelle Kommunikation und Kooperation. Band 1: Grundlagen und Praxisfelder. 2. Aufl., Göttingen: Vandenhoeck & Ruprecht, 181-203.

Köppel, Petra (2002): Kulturerfassungsansätze und ihre Integration in interkulturelle Trainings. Trier: Fokus Kultur.

Krewer, Bernd (1994): Interkulturelle Trainingsprogramme – Bestandsaufnahme und Perspektiven. In: Nouveax Cahiers d'Allemand, 12, 2, 139-151.

Krewer, Bernd (1996): Kulturstandards als Mittel der Selbst- und Fremdreflexion in interkulturellen Begegnungen. In: Thomas, Alexander (Hg.): Psychologie interkulturellen Handelns. Göttingen: Hogrefe, 147-164.

Layes, Gabriel (2000): Grundformen des Fremderlebens. Eine Analyse von Handlungsorientierungen in der interkulturellen Interaktion. Münster / New York: Waxmann.

Layes, Gabriel (2007): Kritische Interaktionssituationen. In: Straub, Jürgen / Weidemann, Arne / Weidemann, Doris (Hg.): Handbuch interkulturelle Kommunikation und Kompetenz. Grundbegriffe – Theorien – Anwendungsfelder. Stuttgart, Weimar: Metzler, 384-391.

Lüsebrink, Hans-Jürgen (2005): Interkulturelle Kommunikation. Interaktion, Fremdwahrnehmung, Kulturtransfer. Stuttgart: Metzler.

Mayring, Philipp (2000a): Qualitative Inhaltsanalyse. In: Forum Qualitative Sozialforschung, 1, 2, Art. 20, online verfügbar: http://nbn-resolving.de/urn:nbn:de: 0114-fqs0002204. (Zugriff: 16.04.2008).

Mayring, Philipp (2000b): Qualitative Inhaltsanalyse. In: Flick, Uwe / Kardorff, Ernst von / Steinke, Ines (Hg.): Qualitative Forschung. Ein Handbuch. Reinbek bei Hamburg: Rowohlt, 468-475.

Mercier, Pascal (2006): Nachtzug nach Lissabon. Roman. 23. Auflage, München: btb.

Ramsauer, Corina (2007): Interkulturelle Konflikte. Entstehung – Verlauf – Lösungsansätze. Frankfurt (M.): IKO.

Straub, Jürgen (1999): Handlung, Interpretation, Kritik. Grundzüge einer textwissenschaftlichen Handlungs- und Kulturpsychologie. Berlin / New York: de Gruyter.

Straub, Jürgen (2007): Kultur. In: Straub, Jürgen / Weidemann, Arne / Weidemann, Doris (Hg.): Handbuch interkulturelle Kommunikation und Kompetenz. Grundbegriffe – Theorien – Anwendungsfelder. Stuttgart / Weimar: Metzler, 7-23.

Straub, Jürgen / Weidemann, Arne / Weidemann, Doris (Hg.) (2007): Handbuch interkulturelle Kommunikation und Kompetenz. Grundbegriffe – Theorien – Anwendungsfelder. Stuttgart / Weimar: Metzler.

Thomas, Alexander (1993): Psychologie interkulturellen Lernens und Handelns. In: Thomas, Alexander (Hg.): Kulturvergleichende Psychologie. Eine Einführung. Göttingen: Hogrefe, 377-424.

Thomas, Alexander (1996): Analyse der Handlungswirksamkeit von Kulturstandards. In: Thomas, Alexander (Hg.): Psychologie interkulturellen Handelns. Göttingen: Hogrefe, 107-135.

Thomas, Alexander (2005): Kultur und Kulturstandards. In: Thomas, Alexander / Kinast, Eva-Ulrike / Schroll-Machl, Sylvia (Hg.): Handbuch Interkulturelle Kommunikation und Kooperation. Band 1: Grundlagen und Praxisfelder. 2. Aufl., Göttingen: Vandenhoeck & Ruprecht, 19-31.

Thomas, Alexander / Kinast, Eva-Ulrike / Schroll-Machl, Sylvia (Hg.) (2005): Handbuch Interkulturelle Kommunikation und Kooperation. Band 1: Grundlagen und Praxisfelder. 2. Aufl., Göttingen: Vandenhoeck & Ruprecht.

Ting-Toomey, Stella (1999): Communicating across cultures. New York: Guilford Press.

Tripp, David H. (1993): Critical Incidents in teaching. Developing Professional Judgement. London / New York: Routledge.

Watzlawick, Paul / Beavin, Janet H. / Jackson, Don D. (1996): Menschliche Kommunikation. 9. Aufl., Bern / Göttingen / Toronto / Seattle: Huber.

Weidemann, Doris (2004): Interkulturelles Lernen. Erfahrungen mit dem chinesischen „Gesicht": Deutsche in Taiwan. Bielefeld: Transcript.

Weidemann, Doris (2007): Akkulturation und interkulturelles Lernen. In: Straub, Jürgen / Weidemann, Arne / Weidemann, Doris (Hg.): Handbuch interkulturelle Kommunikation und Kompetenz. Grundbegriffe – Theorien – Anwendungsfelder. Stuttgart / Weimar: Metzler, 488-498.

Wight, Albert R. (1995): The Critical Incident as a Training Tool. In: Fowler, Sandra M. / Mumford, Monica G. (Hg.): Intercultural Sourcebook: Cross-Cultural Training Methods. Vol. 1, Yarmouth, ME: Intercultural Press, 127-140.

Anhang

Inhaltsverzeichnis

A 1 Themen der einzelnen *critical incidents*

01	1	Hitlergruß in Metro	priv.	
	2	permanentes ins-Wort-fallen	stud.	Kommunikation
02	1	Gruppenarbeit – Gruppe meldet sich nicht mehr	stud.	
	2	Gruppenarbeit – Nebenbeschäftigungen und Kochen	stud.	Zeit, Beziehung (Aktiv. zur Herstellg.)
03	1	Kündigungsschreiben an Wohnheim	stud.	Direktheit (impliz. Willensäußerung)
	2	„verspätetes“ Ankommen der Gäste zum Abendbrot	privat	Zeit
04	1	Gruppenarbeit – unvorbereitete Gruppenmitglieder	stud.	
	2	Small Talk – Freund oder Bekannter?	prakt.	Beziehung (inform. Gespräche)
05	1	fehlende Informationen für Erstellung einer Rechnung	prakt.	Informationen
	2	Autounfall – unproblematische Lösung	privat	Gelassenheit
06	1	dt.-frz. Präsentation	prakt.	
	2	unfreundlicher Kellner	privat	
07	1	Direktheit am Telefon	prakt.	Direktheit (i.S.v. Harmonie)
	2	informelle Gespräche am Kaffeeautomaten	prakt.	Beziehung (inform. Gespräche)
08	1	Gruppenarbeit – Informationen fließen nicht gut	stud.	Informationen
	2	Gruppenarbeit – Treffen ohne Ergebnis	stud.	Beziehung (Aktiv. zur Herstellg.)
09	1	Hitlergruß im Wohnheim	priv.	
	2	Gruppenarbeit – Direktheit und Kritik in E-Mails	stud.	Direktheit (Kritik)
10	1	gestörte Kommunikation beim Abendessen	priv.	Kommunik. (In-/Outgroup)
	2	gestörte Gruppenkommunikation auf Hochzeit	priv.	Kommunik. (In-/Outgroup)
11	1	Gruppenarbeit – unvorbereitete u. nachlässige Mitglieder	stud.	
	2	„Schau mal, wie Du klar kommst!“ – fehlende Infos	prakt.	Informationen
12	1	verspätete Abteilungsleiter in Meetings	prakt.	Zeit
	2	Projektübergabe ohne Infos	prakt.	Informationen
13	1	Zusammenarbeit mit Muslim (Ramadan)	stud.	
	2	Infos per E-Mail oder am Kaffeeautomaten?	prakt.	Informationen
14	1	Wann treffen wir uns?	prakt.	Zeit
	2	„Nur was ein Schwein frisst, ist gut!“	prakt.	Direktheit (i.S.v. Harmonie)
15	1	Packpapier in Deutschland, aber nicht in Frankreich	priv.	Kommunikation (Kritik)
	2	gelungenes großes Familienessen	priv.	
16	1	fehlende, private Dokumente fürs Wohnheim	stud.	
	2	Kritik an eig. Person (kein Telefon, schlechte Kopien)	prakt.	
17	1	Abendessen bei Chefin zu Hause	prakt.	Beziehung (Aktiv. zur Herstellg.)
	2	ständig wechselnde Vorgaben für Kalkulation	prakt.	Zeit, Informationen
18	1	Vorverlegung der Prüfung (Kritik am Uni-System)	stud.	Direktheit (Kritik)
	2	Gruppenarbeit – Verspätung & Disk. über andere Themen	stud.	Zeit
19	1	häufige Änderung des Stundenplanes	stud.	Gelassenheit
	2	Disziplin unter Studenten	stud.	
	3	Sauberkeit in Wohnheimküche	priv.	
	4	Termineinhaltung Wohnraumübergabe	stud.	Zeit
	5	Begrüßung unter Kollegen	prakt.	Beziehung (Begrüßung)
	6	eigenständiges Arbeiten im Praktikum	prakt.	
	7	Small Talk unter Kollegen	prakt.	Beziehung (inform. Gespräche)
20	1	Kommunikation per E-Mail (gelungen)	prakt.	Beziehung (Ingroup – enchufar)
	2	Kommunikation per E-Mail (nicht gelungen)	prakt.	Beziehung (Outgroup)

21	1	Informationsweitergabe für Katalogerstellung	prakt.	Informationen
	2	Unterbrechungen im Meeting durch Telefon, Nebengespräche	prakt.	Zeit
22	1	Vorgesetzter verlässt Unternehmen	prakt.	Informationen
	2	Körperberührung beim Sporttraining	priv.	Distanz
23	1	Bezahlen im Restaurant	priv.	Kollektiv?
	2	45 min. Warten auf Spanier	priv.	Zeit
24	1	unvollständige Informationen für Bestellung	prakt.	Informationen
	2	„Mittagessen ohne Wiederkehr“	prakt.	Zeit
25		Siesta, „No te preocupes“, Informationen	prakt.	Zeit, Beziehung, Informationen
26	1	verpatztes Wiedersehen mit Tandempartner	stud.	Direktheit (i.S.v. Harmonie)?
	2	verhinderter Diebstahl in U-Bahn	priv.	
	3	Wo ist der Chef?	prakt.	Informationen
27	1	Begrüßung mit 2 Küsschen	priv.	Beziehung (Begrüßung)
	2	Essen bei Kollegen und seiner Familie zu Hause	prakt.	Beziehung (Aktiv. zur Herstellg.)
	3	viele Pausen	prakt.	Zeit
	4	Zurückweichen im Gespräch	prakt.	Distanz
	5	„No te preocupes“	stud. / prakt.	Gelassenheit
28	1	Wir oder ich? – Aufgabenzuteilung	prakt.	Direktheit (impliz. Willensäußerung)
	2	Gruppenarbeit – verspätete Teilnehmer, wilde Diskussionen	stud.	Zeit
29	1	abgebrochenes Interview	priv.	
	2	Praktikant in der Hierarchie	prakt.	Beziehung / Hierarchie (In-/Outgrp.)
30	1	Wer unterschreibt mir den Vertrag?	prakt.	Hierarchie
	2	Kritik in der WG (Mülltrennung)	priv.	Direktheit (Kritik)
31	1	Schulterzucken bei Lateinamerikanern	priv.	nonverb. Kommunikation
	2	unklare Aufgabenzuteilung	prakt.	Informationen / Direktheit (impliz. WÄ)
32	1	Kritik an der Kleidung	priv.	Direktheit (Kritik)
	2	Zu-Spät-Kommen und Pause	prakt.	Zeit
33	1	an der Supermarktkasse	priv.	
	2	„Halleluja und der Typ in der Metro“	priv.	
34	1	Küsschen zur Begrüßung	priv. / prakt.	Beziehung (Begrüßung)
	2	Verabredungen und polychrones Arbeiten	priv. / stud.	Zeit
35	1	verschwundene Pizza in der WG	priv.	
	2	Verabredung mit Lateinamerikanerin	priv.	Zeit
36	1	Eine große Familie	priv.	Beziehung (enchufar)
	2	Eineinhalb Stunden zu spät zur Vorlesung	stud.	Zeit
37	1	Wohnungssuche über 5 Ecken*)	priv.	Beziehung (enchufar)
	2	in der Tapasbar am falschen Tisch	priv.	
38	1	Wellness-Umfrage im Hotel	stud.	
	2	Wohnungssuche über 5 Ecken *)	priv.	Beziehung (enchufar)
39	1	Tauffeier der Familie des Vermieters	priv.	
	2	Schlange stehen an der Haltestelle und in der Bäckerei	priv.	

*) gleicher *critical incident*

A 2 Kategorienzuordnung der einzelnen *critical incidents*

Anhang A 2 stellt die Metaanalyse für alle *critical incidents* in Tabellenform dar. Markiert sind jeweils die in den einzelnen Seminararbeiten vorgekommenen Phänomene.

In den Tabellen wurden folgende Abkürzungen verwendet:

CI	critical incident
k.A.	keine Angabe
prakt.	Praktikum
priv.	privat
stud.	studentisch
semipriv.	semiprivat
KS/KD	Kulturstandards / Kulturdimensionen
indiv.	individuelle Analyse(n)
GA/KA	Gesprächsanalyse / Konversationsanalyse
gen. Auss.	generelle Aussagen (über Kultur, Menschen, ...)
face	Nutzung des Face-Konzepts
histor.	historische / geschichtliche Begründung(en)
sonst.	sonstige Analysen
ik	interkulturell(e)

Teil 1

CIs	Wann fand der CI statt?					Umfeld				Analyse								
	1.	2.	vorher	nachher	k.A.	prakt.	priv.	stud.	semipriv.	KS/KD	indiv.	Rollen	GA/KA	gen.Auss.	Kulturwissen	face	histor.	sonst.
01/1					x		x										x	
01/2	x						x						x					
02/1	x							x		x								
02/2	x							x		x								
03/1		x							x	x								
03/2					x		x			x								
04/1	x							x			x							
04/2		x				x					x							
05/1		x				x				x								
05/2	x						x			x		x						
06/1		x				x				x		x						
06/2		x					x				x	x						
07/1					x	x				x			x					
07/2		x				x				x								
08/1	x							x		x			x				x	
08/2	x							x		x	x							
09/1	x						x				x							
09/2	x							x		x								
10/1		x					x			x	x							
10/2		x					x						x					
11/1	x							x		x								
11/2		x				x				x								
12/1		x				x				x								
12/2		x				x				x								
13/1	x							x		x					x			
13/2		x				x				x								
14/1		x				x				x	x							
14/2	x					Zuordnung nicht möglich				x						x		
15/1	x						x			x		x				x		x
15/2					x		x			x								
16/1			x						x	x								

CIs	Wann fand der CI statt?					Umfeld				Analyse								
	1.	2.	vorher	nachher	k.A.	prakt.	priv.	stud.	semipriv.	KS/KD	indiv.	Rollen	GA/KA	gen.Auss.	Kulturwissen	face	histor.	sonst.
16/2		x				x				x								
17/1		x							x	x								
17/2		x				x				x							x	
18/1	x							x		x		x						
18/2	x							x		x		x						
19/1	x							x						x				
19/2	x							x						x				
19/3	x						x							x				
19/4	x								x	x								
19/5		x				x									x			
19/6		x				x								x				
19/7		x				x								x				
20/1				x		x				x			x					
20/2				x		x				x			x					
21/1		x				x				x								
21/2		x				x				x								
22/1		x							x	x								
22/2					x		x			x								
23/1	x						x								x			
23/2	x						x			x								
24/1		x				x				x								
24/2		x				x				x						x		
25		x				x		x		x				x				
26/1	x						x			x	x							
26/2	x						x			x								
26/3		x				x				x	x							
27/1		x							x	x								
27/2		x				x				x								
27/3		x				x				x								
27/4		x				x				x								
27/5		x				x				x								
28/1		x				x				x								
28/2	x							x		x								
29/1	x								x				x			x		
29/2		x				x				x		x						

CIs	Wann fand der CI statt?					Umfeld				Analyse								
	1.	2.	vorher	nachher	k.A.	prakt.	priv.	stud.	semipriv.	KS/KD	indiv.	Rollen	GA/KA	gen.Auss.	Kulturwissen	face	histor.	sonst.
30/1		x				x				x								
30/2					x		x			x								
31/1		x					x						x					
31/2		x				x				x								
32/1					x		x			x								
32/2		x				x				x								
33/1	x						x					x			x			
33/2		x					x						x					x
34/1			x					x		x								
34/2	x						x			x								
34/3	x								x	x								x
35/1		x					x							x				
35/2		x					x				x							
36/1	x						x			x								
36/2	x							x		x								
37/1	x								x		x							
37/2		x					x								x			
38/1	x							x			x							
38/2	x								x	x								
39/1					x		x					x						
39/2	x						x											x
Σ	34	41	2	2	8	32	28	17	10	62	12	9	9	7	5	4	3	4

Teil 2

CIs	Interpretationen	Lösungsvorschläge							CI	
	nicht ganz schlüssig	keine / keine weiteren	Anpassung	Dialog	Wissen / Antizipation KS/KD	individuell	ik Sensibilität	sonstige	ja	nein
01/1				x					x	
01/2		x							x	
02/1					x				x	
02/2			x						x	
03/1		x								x
03/2			x						x	
04/1		x							x	
04/2		x							x	
05/1						x			x	
05/2		x	x							x
06/1							x		x	
06/2				x					x	
07/1		x							x	
07/2		x							x	
08/1				x	x				x	
08/2				x					x	
09/1		x		x					x	
09/2				x					x	
10/1						x				x
10/2						x				x
11/1	x					x			x	
11/2		x							x	
12/1			x						x	
12/2		x							x	
13/1				x					x	
13/2	x	x							x	
14/1						x				x
14/2							x		x	
15/1		x							x	
15/2	x				x					x

CIs	Interpretationen	Lösungsvorschläge							CI	
	nicht ganz schlüssig	keine / keine weiteren	Anpassung	Dialog	Wissen / Antizipation KS/KD	individuell	ik Sensibilität	sonstige	ja	nein
16/1	x							x		x
16/2	x					x				x
17/1		x								x
17/2			x						x	
18/1				x					x	
18/2				x					x	
19/1			x							x
19/2								x		x
19/3		x								x
19/4			x						x	
19/5			x							x
19/6			x							x
19/7			x							x
20/1		x							x	
20/2		x								x
21/1					x				x	
21/2			x						x	
22/1					x				x	
22/2				x						x
23/1			x							x
23/2			x						x	
24/1			x						x	
24/2			x						x	
25						x				x
26/1	x	x							x	
26/2	x	x								x
26/3			x						x	
27/1			x							x
27/2			x							x
27/3			x							x
27/4					x				x	
27/5					x					x
28/1						x			x	

CIs	Interpretationen	Lösungsvorschläge							CI	
	nicht ganz schlüssig	keine / keine weiteren	Anpassung	Dialog	Wissen / Antizipation KS/KD	individuell	ik Sensibili-tät	sonstige	ja	nein
28/2			x						x	
29/1								x		x
29/2		x							x	
30/1					x				x	
30/2						x			x	
31/1				x					x	
31/2						x			x	
32/1			x						x	
32/2				x					x	
33/1		x								x
33/2				x					x	
34/1	x	x								x
34/2	x	x							x	
34/3		x							x	
35/1		x								x
35/2				x					x	
36/1					x					x
36/2			x						x	
37/1					x				x	
37/2				x					x	
38/1	x		x						x	
38/2		x							x	
39/1		x								x
39/2			x						x	
Σ	10	26	24	15	10	10	2	3	57	30

A 3 CI 03/2

„Situation 2: Französische Unpünktlichkeit bei einer Einladung nach Hause

A Beteiligte

T., A., F., C., B., S., E, R.

B Ort

[redacted], Frankreich

C Beschreibung der Situation

So wie es in Frankreich üblich ist, habe ich, nachdem ich auch schon bei den meisten anderen zu Hause eingeladen war, auch ab und zu meine Freunde zu mir in die Résidence eingeladen, um mit Ihnen einen ‚Apéro' mit einem anschließenden Essen (‚se faire une bouffe') zu veranstalten. Der Platz war da, denn in jedem Gebäude der Résidence gab es eine große Gemeinschaftsküche und am Wochenende waren die meisten Bewohner ohnehin nicht da, weil sie nach Hause gefahren sind, sodass auch niemand gestört wurde und auch niemandem der Platz weggenommen wurde.

Für diesen Tag hatte ich allen gesagt, dass Sie um 19 Uhr bei mir sein sollten, was ich als doch sehr angemessen fand. Zu dieser Zeit hatte ich dann auch alles für den Aperitif und das Essen vorbereitet, damit wir dann auch pünktlich anfangen konnten, denn danach hatten wir uns noch mit anderen Leuten verabredet, um gemeinsam in die Diskothek zu gehen.

Um 19 Uhr war allerdings weit und breit noch niemand zu sehen und auch eine viertel Stunde später noch nicht. Da ich langsam unruhig wurde und an mir zweifelte, ob ich das richtige Datum und die richtige Uhrzeit gesagt hatte, beschloss ich jemanden anzurufen. Ich rief also F. an, die meinte, dass sie bereits auf dem Weg sei und gleich da sein würde. Den ersten, T., sah ich dann wenige Minuten später die Treppe hochkommen. F. kam dann kurz darauf und auch die anderen trudelten dann bis um 19.30 Uhr so langsam ein.

Kein einziger von Ihnen hielt es allerdings für notwendig, sich für das zu spät kommen zu entschuldigen. Ich sagte zwar nichts, aber war schon ganz schön verärgert, dass sie mich so lange warten lassen haben, denn ich habe mir ja schließlich auch ganz schön Stress gemacht, um alles pünktlich fertigzubekommen.

Ich fragte mich dann, ob bei den Franzosen denn die Uhr anders ticke, als bei den Deutschen, oder woran es liegt, dass sie alle so spät kamen, als wäre das das normalste der Welt.

D Analyse

Als Pünktlichkeit bezeichnet man die Eigenschaft einer Person, einen verabredeten Zeitpunkt präzise einzuhalten.

In Kulturen, wie in Deutschland, wird Zeit horizontal eingeteilt. Zeit spielt hier eine wichtige Rolle (‚Zeit ist Geld') und wird genau eingehalten. Das Handeln wird genau geplant und es wird großer Wert auf Pünktlichkeit gelegt. Unpünktlichkeit gilt in solchen Kulturen als unhöflich, denn es gehört sich nicht, den anderen, mit dem man sich verabredet hat, warten zu lassen. Eine Verspätung, die eine gewisse Toleranzgrenze überschreitet kann sogar als Beleidigung wahrgenommen werden.

In anderen Kulturen, wie in Frankreich, wo Zeit vertikal eingeteilt wird, das heißt in mehreren gleichzeitig nebeneinander existierenden Zeitlinien, wird sich diesbezüglich flexibler verhalten. Hier gilt es zum Beispiel als höflich ungefähr eine viertel Stunde nach dem verabredeten Zeitpunkt einzutreffen. Würde man nämlich genau um 19 Uhr eintreffen, würde man den Gastgeber hier in Verlegenheit stürzen, weil er bis dahin noch gar nicht alle Vorbereitungen für das Essen getroffen hätte und man ihn vielleicht sogar noch mit der Küchenschürze antreffen würde.

Der Anthropologe E.T. Hall spricht von monochronen und polychronen Kulturen. ‚Monochronic Societies', wie Deutschland, sind Kulturen mit rigider Zeiteinteilung, in denen Pünktlichkeit erwartet wird, und Handlungsabläufe möglichst nacheinander, in einem strukturierten Zeitplan ablaufen. Sogar zwischenmenschliche Beziehungen werden nach der Uhr organisiert und die Pünktlichkeit wird oft den Bedürfnissen der Interaktion übergeordnet.

‚Polychronic Societies', wie Frankreich, sind durch eine stärker flexible Zeitplanung gekennzeichnet. Handlungen können gleichzeitig und mit einem geringeren Grad an zeitlicher Planung und Strukturierung ablaufen. Pünktlichkeit in polychronen Kulturen kommt deshalb nur eine untergeordnete Rolle zu, da hier aufgrund des vertikalen Zeitverständnisses die Menschen Zeit haben. Man kann unter Umständen in Frankreich auch noch pünktlich sein, wenn man eine halbe Stunde später kommt und somit waren auch die letzten Besucher zu meinem Essen, nach französischer Zeit, noch pünktlich. In zwischenmenschlichen Beziehungen sind polychronen Menschen der Beziehungsaufbau und die Kommunikation wichtiger, als die Pünktlichkeit. Für sie ist es von großer Bedeutung, dass dem Gegenüber ein Zugang zu den eigenen Emotionen eröffnet wird und dies braucht nun manchmal ein wenig mehr Zeit, sodass man vielleicht zum nächsten ‚rendez-vous' nicht auf die Minute genau pünktlich kommen kann. Für sie ist also der Umgang mit den Mitmenschen bedeutender als eine strikte Einhaltung von Zeitplänen.

Ein verschiedener Umgang mit Zeit kann also, wie in der vorliegenden Situation, zu Kommunikationsproblemen oder in schlimmeren Fällen auch zu Konflikten führen. Als Deutscher sollte man sich also in Frankreich auf deren ‚chronische Unpünktlichkeit' einstellen und nicht gleich beunruhigt sein, wenn eine viertel Stunde nach der vereinbarten Zeit noch niemand zu sehen ist. Als Franzose in Deutschland müsste man allerdings wahrscheinlich mehr als gewohnt auf die Uhr schauen, um nicht Misstrauen, Ärgernis und vieles mehr bei den Deutschen zu erwecken."

A 4 CI 10/1

„2. Fallbeispiel: Abendessen

2.1 Beschreibung

Die erste Interaktionssituation, die ich im Folgenden darstellen möchte, ereignete sich während meines Praxissemesters in ████ im Jahr 2007. Um den Kontext allerdings besser verstehen zu lernen, erscheint es zunächst erforderlich, das Gesamtumfeld genauer zu umreißen. Ich habe zu dieser Zeit von März bis August im Hause von Madame J.H. gewohnt, eine achtzigjährige Französin mit Wurzeln in der Schweiz. Sie zeigte sich stets äußerst hilfsbereit, interessiert und fürsorglich, und zählt zu den bemerkenswertesten Menschen, die mir je in meinem Leben begegneten. Unentwegt Lebensfreude, Enthusiasmus und Tatendrang versprühend, ist sie überdies ein ungemein intellektueller Mensch, der sich zeitlebens für seine soziale Umwelt aufopfert. Wir haben sehr häufig bei einem Glas Wein und gutem Essen über ihre bewegte Vergangenheit, ihr Leben in Frankreich als schweizerische Einwanderin und über unsere Sichtweisen auf die sozialen, sprachlichen und kulturellen Entwicklungen in Deutschland und Frankreich gesprochen.

Am letzten Juliwochenende des vergangenen Jahres besuchte mich ein Kommilitone gemeinsam mit dessen Freundin. Bereits an dieser Stelle nehme ich vorweg, dass er mit dem französischen Kulturkontext und der Sprache sehr gut vertraut ist. Seine Freundin hatte jedoch neben sprachlichen Barrieren auch mit kulturellen Hindernissen zu kämpfen, was ich später präzisieren werde. Nachdem ich beiden nachmittags die Stadt ████ zeigte und viel über meine Praktikumserfahrung sprach, waren wir des abends ab 19 Uhr bei Madame H. zum Essen geladen.

Während mein Kommilitone und ich dem gemeinsamen Abend sehr erwartungsvoll, neugierig und vorfreudig entgegen blickten, zeigte sich dessen Freundin bereits vor Beginn äußerst nervös und aufgeregt. Zum einen hatte sie Angst, einem Gespräch ausschließlich in französischer Sprache nicht folgen zu können und zum anderen war sie äußerst gehemmt, einer Dame von achtzig Jahren entgegenzutreten, die hohen Wert auf Ausdrucksart, Stil und Verhalten legt. Darüber hinaus haben es mein Kommilitone und ich im Vorfeld leider versäumt, sie ausreichend zu beruhigen und in ihr Vorfreude auf den Abend zu schüren. Madame H. ihrerseits bereitete den Abend sehr intensiv vor und scheute weder Kosten noch Zeit, um meinen Kommilitonen, dessen Freundin und mich an diesem Abend kulinarisch à la française zu verwöhnen. Grundsätzlich lassen sich bereits hier erste „Störfaktoren" ausmachen: Während Madame H., mein Kommilitone und ich sehr gelöst und positiv den Abend begingen, war dessen Freundin übermannt von Ängstlichkeit und Unbehagen.

Das Abendprogramm selbst offenbarte, mit welch Mühe und Gastfreundlichkeit Madame H. das gemeinsame Essen zelebrieren wollte: Es wurde Champagner im Salon gereicht, und anschließend sehr ausgiebig und viele Stunden lang gegessen, die Küche und das Savoir-vivre à la française. Das Kommunikationsverhalten zeigte sich dennoch äußerst unausgeglichen: Während Madam H. anfangs darauf bedacht war, nicht allein mich, sondern auch meinen Kommilitonen und dessen Freundin in die Gesprächssituation einzubeziehen, verheilt sich die Freundin stets zurückhaltend, defensiv, verhalten und wortkarg. Sie gab kurze Antworten, stellte der Gastgeberin keinerlei Gegenfragen und entzog sich immer stärker der Unterhaltung. Ihre gesamte Körpersprache unterstrich diese Abwehrhaltung; die Arme vor dem Körper verschränkt, der Blick abschweifend und nur gelegentlich

Rückmeldesignale auf das Gesagte. Weiterhin machte sie keine Anstalten das Essen zu loben und aß leider nur sehr wenig, obwohl reichlich vorhanden war und mehrmals nachgefragt wurde.

Die Reaktion auf ihre dispräferierten Äußerungen und ihr offensichtliches Nichteinhalten konditionaler Relevanzen war unterschiedlich. Während sich Madame H. verstärkt meinem Kommilitonen widmete und sich mit ihm unterhielt, versuchte ich dessen Freundin in die Gesprächssituation einzubinden. Aus diesem Grunde verwickelte ich sie, erstmals an diesem Abend in deutscher Sprache, in eine Unterhaltung, um sie zunächst ihrer Anspannung und Schüchternheit zu berauben. Ich erfuhr dabei, dass sie sehr gut das Gesagte in Französisch versteht, allerdings in der Eile und unter dem eigenen Druck nicht antworten vermag. Daher machte ich ihr Mut, einfach ,'drauf loszureden' und keine Rücksicht auf sprachliche Fehler zu üben, sondern entspannt und gemütlich den Abend bei Wein zu genießen.

Leider wandte ich mich im Folgenden dem Dialog von Madame H. und meinem Kommilitonen zu, was auf weite Sicht äußerst ineffektiv von mir gewesen ist, da sich dessen Freundin somit endgültig der Interaktionssituation an diesem Abend entzog. Infolgedessen endete dieser früher als erhofft, da mein Kommilitone die Nichtteilhabe seiner Freundin zum Anlass nahm, sich zu verabschieden. Obwohl abschließend seitens der Freundin für den Abend gedankt und ein freundliches Lächeln gezeigt wurden, war die Gastgeberin gehalten, enttäuscht und ratlos über den kühlen Verlauf dieses Abends, der so gar nicht à la française verlief.

2.2 Analyse

An diesem Punkt angelangt lässt sich festhalten, dass die kritische Interaktionssituation für alle Beteiligte negative Konsequenzen hatte:

Die Erwartungen von Madame H., ihren deutschen Gästen eine perfekte Gastgeberin zu sein, die jedem gerecht wird und zugleich ein Stück französischer Lebensart vermitteln kann, wurden nicht erfüllt.

Die Vorstellungen meines Kommilitonen, einen Abend in entspannter Atmosphäre zu erleben, um zu erfahren, in welchem sozialen Umfeld ich damalig in Frankreich lebte, blieben ebenfalls enttäuscht.

Ferner sind die Anspannung und Ängste von dessen Freundin zu berücksichtigen, die im gesamten Verlauf zum Tragen kamen und ihr darüber hinaus ein schlechtes Gewissen bereiteten, den Abend ‚zunichte' gemacht zu haben.

Der Abend wurde schließlich meiner ursprünglichen Intention, allen Beteiligten einen Abend à la française zu bieten, keineswegs gerecht. Einerseits konnte ich meinen deutschen Besuchern nicht vor Augen führen, wie sehr ich die neue Heimat und vor allem die Gesellschaft von Madame H. schätzte. Andererseits wollte ich meiner Gastgeberin die eigene Welt aus der deutschen Heimat nahe bringen; auch dies misslang an diesem Abend.

Selbstreflektierend lässt sich erkennen, dass mein Kommilitone und ich im Vorfeld zu wenig auf dessen Freundin einwirkten, um ihr die Angst und das Unbehagen zu nehmen. Vielmehr verstärkte unser beider Euphorie und meine offenkundige Hochachtung für Madame H. ihre Ängstlichkeit und Anspannung. Im Verlaufe des Abends selbst versuchten mein Kommilitone und ich nicht nachhaltig genug, dessen Freundin in das Gespräch einzubinden. Zwar wirkten ebenfalls sprachliche Barrieren, allerdings waren sie nicht ausschlaggebend für die negative Entwicklung des Abends. Vielmehr war die psychische Hemmung als Ausgangspunkt zu sehen. Infolgedessen nahm die Freundin in nur abgeschwächter Form an den ‚Ritualen' der Gruppe teil, der Unterhaltung, dem Essen und Trinken, und drängte indirekt drauf, sich dieser unangenehmen Situation so rasch wie möglich zu entziehen. Madame H. irritierte dieses Verhalten wiederum auf zweierlei Weise: Zum einen sah sie ihre Fähigkeiten als Gastgeberin infrage gestellt und zum anderen empfand sie die Nichtteilhabe der Freundin als unhöfliches und nicht anerkennendes Verhalten für ihre Mühen. Folglich führten Anspannungen auf der einen Seite und Irritation auf der anderen Seite zur Enttäuschung aller Beteiligten.

Im Folgenden möchte ich tiefer in diese Interaktionssituation blicken und kulturelle Einflussfaktoren beleuchten.

Im Rahmen von Untersuchungen über die nationalen Unterschiede des Kommunikationsverhaltens hat Edward T. Hall festgestellt, dass ich Franzosen mit ihren sehr dichten Informationsnetzen (high context) von den Deutschen unterscheiden, bei denen aufgrund ihrer low-context-Kultur eine geringere Informationsdichte besteht. Folglich spielen die verbale und vor allem die nonverbale Verständigung eine sehr große Rolle im französischen Kommunikationsverhalten, denn Sprache ist eben mehr als Reden. Gerade der Franzose benutzt die Sprache oftmals, um zwischen den Zeilen Botschaften zu übermitteln; in vielen Fällen ist das Nichtgesagte sogar wichtiger als das Gesagte. Demzufolge könnte Madame H. die Rückmeldesignale der Freundin, speziell ihre verschlossene, zurückweisende und defensive Körpersprache als auch ihre fehlende Teilnahme am Gespräch, wie folgt interpretiert haben:

- ‚Die Freundin ist desinteressiert und gelangweilt.'
- ‚Die Freundin fühlt sich unbehaglich in meiner Gegenwart.'
- ‚Ihr schmeckte mein Essen nicht.'
- ‚Ich bin eine schlechte Gastgeberin gewesen.'

Die Freundin möchte durch ihre defensive Körpersprache (Arme vor den Körper verschränkt, abschweifender Blick) und ihre geringe Teilnahme an der Gesprächsrunde eventuell folgendes signalisieren:

- ‚Ich fühle mich unwohl, angespannt und bin ängstlich, mich der Gesprächssituation zu öffnen.'
- ‚Ich verstehe das Gesagte auf Französisch nicht – möchte zwar etwas sagen, aber kann mich nicht in dieser Sprache ausdrücken.'
- ‚Ich möchte endlich gehen, um den anderen nicht den Abend zu vermiesen.'

Ein weiterer Einflussfaktor soll anhand des Konzepts der Kulturstandards erarbeitet werden, die wesentlich durch den Kulturpsychologen Alexander Thomas geprägt wurden. Kulturstandards selbst stellen eine Art Orientierungshilfe zur Deutung des Verhaltens in fremden Kulturen dar. Im Prozess dieser Deutung kann man sich auch seines eigenen Orientierungssystems bewusst werden und es kritisch beleuchten. Kulturstandards können einerseits das Verhalten in der eigenen Kultur regeln und somit dazu beitragen, sich ‚richtig' bzw. in einer erwünschten Art und Weise zu verhalten. Ferner tragen sie dazu bei, ein angemessenes Verhalten in einer fremden Kultur abzuschätzen und sich gegebenenfalls daran anzupassen. In diesem Fallbeispiel sind der französische Kulturstandard der Indirektheit (impliziter Sprachgebrauch) und Höflichkeit von tragender Bedeutung. Madame H. zeigte sich stets bemüht eine äußerst zuvorkommende Gastgeberin zu sein und sprach die Freundin meines Kommilitonen zu keiner Zeit direkt darauf an, warum sie sich der Gesprächssituation entzieht. Umso stärker war Madame H. enttäuscht, als ihre Anstrengungen nicht mit positiven Rückmeldesignalen seitens der Freundin gewürdigt worden.

2.3 Lösungsansätze

Es stellt sich schließlich die Frage, was hätte man besser machen können?

- Wie bereits präzisiert, hätten mein Kommilitone und ich, dessen Freundin den inneren Druck vor dieser Situation nehmen müssen, indem wir insbesondere während der Interaktionssituation die Kommunikation zwischen beiden Frauen gefördert hätten – sowohl durch die Themengebung als auch durch eingeschobene Sequenzen.
- Die Freundin selbst hätte zur Vermeidung der Irritation seitens Madame H. beitragen können, hätte sie zumindest ihre Defensive durchbrochen, um die Gastgeberin zu loben und mit ihr durch (Gegen-) Fragen in eine gemeinsame Unterhaltung einzusteigen.
- Madame H. hätte die Nichtteilhabe vonseiten der Freundin sensibler aufgreifen und in diesem Kontext verstärkter als fragender und nicht als erzählender Interaktionssteilnehmer auftreten sollen.
- Weiterhin hätte mehr Rücksicht auf die sprachlichen Barrieren – zum Beispiel eine geringere Sprechgeschwindigkeit, häufigere Übersetzungen ins Deutsche meinerseits, etc. – förderlich gewirkt, um der Freundin Rückhalt zu bieten, an der Interaktion aktiv teilzunehmen."

A 5 CI 13/2

„Französische Lockerheit vs. deutschen Nachdruck

Situationsbeschreibung

ist ein mittelständisches Unternehmen, das Produkte für die Beleuchtung von Nutzfahrzeugen konzipiert, herstellt und vertreibt. Die Fabrikhalle ist relativ klein und die Büros der Bereiche Entwicklung, Beschaffung, Produktion / Logistik und Vertrieb liegen nah beieinander.

Wenn man Informationen aus einem anderen Büro benötigt, ist es allgemein üblich, der betreffenden Person eine kurze Email zu schreiben mit der Bitte um Bearbeitung. Bis man eine Antwort erhält, kann es allerdings sehr lange dauern oder es sind mehrere Erinnerungen nötig. Dies scheint aber normal zu sein und wird so hingenommen.

So musste ich als Praktikantin in der Logistik öfters Preise bei Vertriebsingenieuren nachfragen. Diese bekam ich erst einen Tag später und nach mehrmaligem Nachfragen, wenn ich die Person zufällig zum Beispiel am Kaffeeautomaten getroffen habe.

Eine Ausnahme bildete allerdings der deutsche Vertriebsingenieur, der erst seit Kurzem im Unternehmen arbeitete. A. benötigte öfters statistische Daten aus der Logistik. Dafür ging er den kurzen Weg über den Gang und fragte C. persönlich. In der Regel bekam er als einziger auch sofort die benötigten Informationen.

Eines Tages, als A. wieder einige Daten benötigte, fragte C. allerdings sichtlich genervt, warum er denn immer zu ihr kommen würde und ob er nicht wüsste, dass sie auch ein Telefon und eine E-Mail-Adresse hätte. Daraufhin entgegnete er ihr sehr direkt, dass er sonst ja nie seine Informationen bekommen würde.

Kultureller Hintergrund

In dieser Situation treffen sowohl die verschiedenen Zeitverständnisse von Deutschen und Franzosen als auch die *low-* und *high-context*-Kultur aufeinander:

Typisch für die polychrone Kultur Frankreichs ist es, dass Termine nicht unbedingt eingehalten werden müssen. Somit werden auch Sachen, die in wenigen Minuten erledigt sein könnten, erst einmal beiseitegelegt. Franzosen sind außerdem *high-context*-geprägt, das heißt, benötigte Informationen werden eher informell weitergegeben.

Die Deutschen sind eher monochron und wollen erst eine Arbeit beenden, bevor sie die nächste beginnen. Auch gehen sie davon aus, dass Termine eingehalten werden. Typisch für die *low-context*-Kultur ist, dass Informationen direkt weitergegeben werden.

Somit waren sowohl C. als auch A. unzufrieden: Sie fühlte sich unter Druck gesetzt, er war mit der uneffektiven Arbeitsweise unzufrieden.

Fazit

Es ist durchaus verständlich, dass C. mit A.s direkter Herangehensweise überfordert war. Umso mehr verwundert es, dass A. nach über 10 Jahren in Frankreich noch immer das sehr deutsche Verhaltensmuster an den Tag legt und erwartet, dass alles sofort erledigt wird. Eigentlich hätte er wissen können, dass Termine in Frankreich nicht immer ernst genommen werden und dass man kleinere daraus resultierende Probleme relativ informell, zum Beispiel bei einem ‚*petit café*', lösen kann. Aber auch C. war eigentlich international erfahren genug, um weniger genervt zu reagieren.

Dennoch soll an dieser Stelle betont werden, dass dieser doch ein wenig problematisch verlaufene *critical incident* nicht zu einer Verschlechterung des Arbeitsklimas führte.

Abschließend lässt sich feststellen, dass interkulturelle Kompetenz von enormer Bedeutung für eine erfolgreiche Zusammenarbeit ist."

A 6 CI 17/2

„3. **Beispiel 2: Die unermüdliche Geduld oder wie der Chef ein Durcheinander veranlasst**

3.1 Ausgangssituation & Problembeschreibung:

Ausgangssituation war der Auftrag des Festivalchefs ein Konzept für die Feierlichkeiten der Premieren herauszuarbeiten. Aufgrund der Erfahrungen meiner Chefin aus den Vorjahren war klar, dass es eine externe Firma zur Unterstützung zu akquirieren galt, da der Aufwand für solche Veranstaltungen mit über 2.000 Gästen insgesamt enorm hoch werden würde und man auch in Vergangenheit mit externen Partnern zusammenarbeitete. Nachdem wir durch Bekannte meiner Chefin auf ein junges, aber sehr kompetentes und sympathisches Unternehmerpaar kamen, musste der Chef noch davon überzeugt werden. Da das Festival im Vorjahr Verlust geschrieben hatte, war allen Beteiligten klar, dass der finanzielle Rahmen sehr eng ausfallen würde. Nach einer gemeinsamen Ideenfindungsphase wurden die gesammelten Konzepte dem Chef vorgestellt. Dieser schien einverstanden, worauf ich mich an mehrere konkrete Kalkulationen zu verschiedenen Vorschlägen machte (Variationen gab es hier aufgrund der integrierten Sach- & Serviceleistungen sowie der Örtlichkeit, die sich in unterschiedlichen Endpreisen ausdrückten. Dies betraf beispielsweise das Angebot an Champagner, Wein, Wasser, Schokoladen, Obst, Gemüse, Brot, Käse, etc., oder der Höhe des Servicepersonals (extern, oder intern engagiert).), die dem Chef daraufhin vorgelegt wurden. Er nahm sie an und bejahte erst einmal die gemachte Arbeit, woraufhin jedoch nichts weiter passierte. Bei einem Nachhaken seitens meiner Chefin einige Tage später wollte er dann einige Änderungen bzw. Zusätze. Diese arbeitete ich dann in die Kalkulationen ein. Nachdem wir diese erneut eingereicht hatten, kam es wieder zu keiner Entscheidung, für die ich die Unterlagen ja extra angefertigt hatte. Erst nach ein paar weiteren Tagen voller Ungeduld und einem Gang meiner Chefin zu ihrem Vorgesetzten wurde ihr mitgeteilt, welche Variante genommen worden war. Nach dieser Verzögerung konnten wir dann mit den Bestellungen loslegen und planten endlich den genauen Arbeitsverlauf und Terminplan. Circa eine Woche später, nach einer allgemeinen Besprechung der Führungsetage kam es dann aber zu kurzfristigen Änderungen und wir mussten die gemachte Planung erneut über den Haufen werfen, um die neuen Wünsche zu integrieren. Dies kostete uns aus meiner Sicht wichtige Zeit und ich kam mir etwas übergangen vor und unter unnötigen Druck versetzt. In der Zeit des Wartens half ich unserer Kollegin im Bereich der Unterkunftslogistik aller Festivalteilnehmer, was mich aus dem eigentlichen Projekt jedes Mal ein wenig raus riss. Darüber hinaus wurde die Sonderstellung des Chefs mit der einhergehenden bevorzugenden Behandlung bei Veranstaltungen als unangenehm und übertrieben empfunden.

Ein Problem war für mich somit die unzureichende Informationsweiterleitung. Zum einen über einen genauen finanziellen Rahmen, der eine besser zugeschnittene Kalkulation erlaubt hätte und zum anderen die verzögerte Informationsweiterleitung der tatsächlichen Entscheidung, die uns Zeit in der weiteren Vorbereitung kostete. Ein weiteres Problem bestand also für mich ebenso in dem langen Weg der eigentlichen Entscheidungsfindung. Diese wurde nicht in einem erwarteten, gemeinsamen „Meeting“ getroffen, indem Vor- und Nachteile nochmals betont hätten werden können, sondern vom Chef allein. Zudem wurde sie einige Tage später nochmals und eher spontan in einigen Teilen geändert, was erneut Zeit kostete.

3.2 Problemerörterung & -analyse:

Bereits mit der Aufgabe, ein Konzept für die verschiedenen Veranstaltungen herauszuarbeiten, begann ich mit dem Hintergrund meiner kulturellen Prägung alles sehr detailliert festhalten zu wollen. Dabei wollte ich bereits erste Berechnungen anstellen, um die Ausmaße besser abzusehen, wurde jedoch von meiner Chefin vorerst gestoppt, die erst einmal die Ideenfindung fixierte und schauen wollte, wie der Chef im Einzelnen zu ihnen steht. Der Unterschied im Prozessablauf eines Konzeptes wurde von mir hier nicht in seiner verschiedenen Herangehensweise gesehen. Stellt ein Konzept in Frankreich eher die Sammlung von Ideen zur Entwicklung von Entscheidungen dar, beinhaltet es doch aus deutscher Sicht schon eine detailliert ausgearbeitete Vorbereitung, quasi eine Roharbeit, die der direkten Entscheidungsfindung dient (vgl.: von Helmolt, Katharina. S.7). Im Laufe der folgenden Wochen sollte ich mich mit zwei Komplexen konfrontiert sehen, die meine Unannehmlichkeiten bezüglich der Arbeitsweise erklären können. Die durch Geert Hofstede betitelte Kulturdimension der Machtdistanz und die durch Hall unterschiedenen Kulturen in „polychron“ und „monochron“ bzw. „high-context“ und „low-context“.

Die Art und Weise der Entscheidungsfindung sowie die Sonderstellung des Chefs, der auf Veranstaltungen geradezu hofiert wurde, stießen bei mir auf anfängliches Unverständnis. Die Dimension der Machtdistanz beschreibt das „(…)Ausmaß, bis zu welchem die weniger mächtigen Mitglieder von Institutionen bzw. Organisationen eines Landes erwarten und akzeptieren, dass Macht ungleich verteilt ist.“ (Hofstede, Geert, S.42). In der Untersuchung von Hofstede belegt Frankreich mit 69 Punkten auf dem Machtdistanzindex Position 15, während Deutschland mit 35 Punkten auf der Position 42 landet. Die Dimension der Machtdistanz ist folglich nach Hofstede in Frankreich stärker ausgeprägt, als in Deutschland. Dabei umschreibt sie die emotionale Distanz, die zwischen Mitarbeitern und Vorgesetzten herrscht (Hofstede, Geert, S.38). Die Distanz zwischen Vorgesetzten und Mitarbeitern in Deutschland ist in der Regel kürzer, als in Frankreich. Sie äußerte sich für mich vor allem in einer sehr intensiv gelebten Hierarchieordnung, nach der der Chef mit einer besonders starken Autorität ausgestattet ist. War das persönliche Verhältnis meiner Chefin und mir wie beschrieben als sehr locker zu betrachten, so war das weder zwischen ihr und dem Chef, noch zwischen mir und dem Chef der Fall. Diese Distanz empfand ich als sehr hinderlich in der mittlerweile gewohnt lockeren zwischenmenschlichen Kommunikation. Während ich mir eine höhere Einbeziehung unserer Kenntnisse und Ideen bei der Entscheidungsfindung gewünscht hatte, wurde das Konzept vom Chef allein entschieden. So werden in Deutschland Entscheidungen eher in einem Konsens und länger und sorgfältiger vorbereitet getroffen. Die Rolle des Chefs ist vielmehr ein Genehmigen, Abstimmen, Moderieren, sie in Frankreich eher das Entscheiden, Kontrollieren und Motivieren beinhaltet (Böhm, T.Ulrich, S.10). Fürwahr kam der Chef trotz der langen Distanz von Zeit zu Zeit durch die Büros gegangen, um einem ein oberflächiges „Alles klar?“ zu widmen. Insgesamt empfand ich die Hierarchiestruktur beim Festival auf horizontaler Ebene als nicht sehr stark ausgeprägt, auf vertikaler Ebene (zum Chef) jedoch sehr. Der Grad vertikaler Differenzierung ist in Frankreich höher, als in Deutschland. Sie geht mit einer höheren Sensibilität für Machtunterschiede einher (vgl.: Gmür, Markus, S.17). Die Tendenz zur Zentralisation in einem System mit großer Machtdistanz unterstreicht dies (Historisch-politische Wurzeln hierfür könnten in den vielen eigenständigen Stämmen und Stadtstaaten liegen, die auf germanischer Seite sehr, sehr lange unvereint blieben. Dies erklärt die deutsche Neigung zur Konsensbildung, während in Frankreich der Einheitsstaat durch die am Hofe konzentrierte Macht regierte. Dies förderte den noch heute in Frankreich vorzufindenden Zentralismus. Quelle: Böhm, T.Ulrich, S.11). Die Bereitstellung von Privilegien und Statussymbolen ist ebenso ein Merkmal für Gesellschaften einer höheren Machtdistanz. Dem Chef wurde in diesem Zusammenhang mitsamt seiner Familie und Freunden des Öfteren eine

Sonderbehandlung auf Kosten des Festivals zuteil. Dies äußerte sich in kostenlosem Ausschank von Alkoholika (Champagner und sehr teurer Wein) sowie der stetigen und immer kurzfristig erfolgenden Organisation geschäftlicher- aber auch privater Verköstigungen in dem festivaleigenen Café, für dessen Logistik ich verantwortlich war. Stoßen sie in einer Gesellschaft mit geringer Machtdistanz auf Missbilligung, werden sie in einer Gesellschaft mit hohem Machtdistanzindex erwartet und „(...)sind sogar populär." (Hofstede, Geert, S.52). Sein Führungsstil zeichnete sich eher durch seine Autorität und Persönlichkeit, als durch eine direkt ersichtliche Kompetenz aus, was für meine Sicht aus einem Kulturkreis mit eher geringerer Machtdistanz eher gewöhnungsbedürftig erschien.

Ein anderes Problem war die aus meiner Sicht eher schleppende Entscheidungsfindung bzw. Kommunikation. Vom ersten Vorschlag bis zur letztendlich gültigen Version vergingen leicht 2-3 Wochen, was in Anbetracht der eher kurzfristig ausgelegten Planung der Veranstaltungen aufgrund des knappen Zeitrahmens sehr beunruhigend auf mich wirkte. Dies mag an unterschiedlichen Betrachtungsweisen liegen. Herrscht in Frankreich eher eine Handlungsorientierung mit flexiblerer Zielvereinbarung, gilt für Deutschland eine Problemorientierung, die alle sachlichen Detailaspekte bereits vorher in Betracht zieht (Barmeyer, Christoph, S.41). Spontaneität war nach der Entscheidung gefragt, da die Zeit dann doch relativ knapp wurde. Hier finden sich mehrere Ansätze zur Erklärung. Ein Fakt war sicherlich eine verschiedene Einstellung zur Zeitaufteilung. Hall unterscheidet hier in die „polychronen- und monochronen" Gesellschaften. In „polychronen" Kulturen sind die Personen in mehrere Situationen und Ereignisse gleichzeitig involviert. Man ist simultan einsetzbar und Aufgabengebiete dementsprechend mehrdimensional angelegt. So kam es oft vor, dass ich zwischendurch ein paar Aufträge von unserer Arbeitskollegin der Logistikabteilung bekam. Dies war allerdings auch der Fall, als es aufgrund von verzögerten Entscheidungen nicht vorwärtsging. Überlappende Tätigkeiten, aber auch Unterbrechungen existieren, und es kommt häufiger zu einer Fristverschiebung, als in „monochronen" Kulturräumen. Bei ihnen ist die Zeitbenutzung linear und eindimensional definiert, wonach es ein Projekt jeweils nach einem anderen zu realisieren gilt. Der Handlungsplan ist abhängig von der zur Verfügung stehenden Zeit. Da dies meinen eigenen kulturellen Hintergrund darstellt, stellte ich mich anfangs schwer damit an, empfand es dann mit der Zeit allerdings als angenehm, da es ein sehr dynamisches System ergibt, bei dem alle daran Beteiligten trotz ursprünglich vermutetem Stress offen und empfangsbereit waren. Sicherlich lässt sich die verzögerte Informationsleitung in einem bestimmten Rahmen auch auf die Unterteilung in „high- und low-context" Kulturen zurückführen. In „low-context"-Kulturen wird deutlich und explizit kommuniziert, in „high-context"-Kulturen dagegen implizit. Ermöglicht die verbesserte Beziehungsebene auf horizontalem Niveau eine bessere Kommunikation und Informationsfluss, so wird Sie in vertikaler Richtung durch die starke Machtdistanz gehemmt. Der Kommunikationsfluss zwischen meiner Vorgesetzten und ihrem bzw. unserem Chef war eher sporadisch und so wurden die zur Weiterbearbeitung nötigen Informationen, so kam es mir vor, eher zufällig weitergegeben. Die Bringschuld der Informationen, die ich gewohnt war, wird hier durch eine Holschuld ersetzt, die in Richtung Chef allerdings nur schleppend realisiert schien. Sicherlich hatte der Chef andere und auch wichtigere Arbeiten zu verrichten, aber in Anbetracht der auslaufenden Zeit, war ich ein wenig beunruhigt. Improvisationen sollten dann oft und in letzter Minute helfen. Insgesamt unterschätzte ich hierbei die Problematik des „high-und low-context", da man Probleme wirklich oft auf dem Flur und spontan besprach.

3.3 Alternative Handlungsmöglichkeiten:

Für mich persönlich wäre hier eine bessere Vorbereitung zu nennen. Mit Änderungen rechnen, Pufferzeiten einplanen, bei Unterbrechungen gelassen bleiben und das Wissen, dass Beschlüsse nicht unbedingt die letzte Version, bzw. verbindlich sind. Allerdings würde ich mir auch vom Chef eine offenere Kommunikation wünschen, die den Ansprüchen für ein möglichst reibungsloses Arbeiten entgegenkommt. Dazu sollten die schnelle Informationsweitergabe und auch ein offeneres Ohr für die Mitarbeiter zählen."

A 7 CI 18/2

„Teilnehmende Personen

- 5 französische Kommilitoninnen
- Ich selbst

Situationsbeschreibung

Im Rahmen einer Projektarbeit für das Fach ‚Transport Maritime' sollten wir uns in Gruppen aufteilen und jeweils eine große Maritime Gesellschaft vorstellen, sowie deren Arbeit dokumentieren. Für diese Aufgabe sollte man eine Hausarbeit schreiben und zusätzlich diese in einem Vortrag vor der gesamten Klasse präsentieren. Das Gruppenfinden ging sehr schnell und unkompliziert. In meiner Gruppe waren 5 meiner besten Freundinnen aus dem Studiengang. Wir verabredeten uns für den nächsten Tag, um mit der Arbeit an der Hausarbeit zu beginnen, die Maritime Gesellschaft wurde uns dabei vom Lehrer zu geteilt. Am nächsten Tag traf sich die Gruppe, wie ausgemacht, außer dass meine Freundinnen alle ca. 20 bis 30 Minuten zu spät kamen, was mich schon sehr ärgerte. Am Anfang dachte ich sie haben das Treffen vergessen. Als dann endlich alle eingetroffen waren, begannen wir mit der Arbeit.

Zuerst verlief alles sehr gut, jeder äußerte seine Meinung und es wurde gemeinsam die Struktur der Hausarbeit entschieden. Danach sollte eigentlich die Unterthemenverteilung stattfinden, wer also welchen Teil bearbeiten sollte, dafür hatten wir extra die Hausarbeit in sechs Teile gegliedert, damit jeder einen Teil bearbeiten kann.

Doch als die Grobgliederung stand, wurden auf einmal andere Themen angesprochen. Es ging um andere Projekte, die man auch noch bearbeiten musste und wie man diese einteilen wollte, dann wiederum ging es um das aktuelle Projekt. Alle sprachen durcheinander und wechselten oft das Thema bzw. bearbeiteten gleichzeitig mehrere Projekte, da wir fast alle Projekte zusammen machten. Während die anderen munter über jedes Projekt redeten, verlor ich teilweise den Faden, um welches Projekt es gerade ging. Mir war die ganze Situation auch teilweise unangenehm, da ich manchmal nicht folgen konnte und hinterher hinkte. Ebenfalls konnte ich nicht verstehen, dass jetzt auf einmal über andere Projekte gesprochen wurde, obwohl wir uns wegen des Projekts ‚Transport Maritime' getroffen hatten, das als erstes abzugeben war.

Darüber ärgerte ich mich sehr und nahm dann gar nicht mehr an den Diskussionen teil, ich forderte auch meine Freundinnen oft wieder auf zum eigentlichen Projekt zurückzukommen.

Diese verstanden nicht so recht, was ich von ihnen wollte, denn sie meinten immer sie würden doch über das Projekt reden. Unter anderem zogen sie mich damit auf, dass ich ihnen nicht folgen konnte, wenn sie so schnell die Themen wechselten und alles gleichzeitig bearbeiteten, sie meinten sie würden wohl zu schnell denken für mich. Auch wenn das nur ein Scherz war, fühlte ich mich doch verletzt, denn ich war nicht langsamer als sie auch.

Schließlich verteilten wir noch schnell die Unterthemen und brachen dann das Treffen ab. Wir vereinbarten ein nächstes Treffen, wo wir dann die Arbeit zusammenfügen wollten.

Deutungsmöglichkeiten

(1) Meine französischen Freundinnen empfanden es als langweilig sich immer nur über das eine Projekt zu unterhalten, und wollten schnell alles abarbeiten, damit sie mehr Freizeit haben und nach Hause können. Sie sahen nicht die Notwendigkeit alles genau zu besprechen, da jeder für seinen Teil selbst verantwortlich ist. Sie empfanden es eher als nervend, dass ich immer wieder darauf zurückkam.

(2) Meine Freundinnen wollten mir zeigen, dass ich nicht so gut bin, dass ich ihnen immer folgen kann, Sie redeten mit Absicht schnell und durcheinander. Damit wollten sie beweisen, dass ich eben nie das Niveau eines Franzosen erreichen kann, und unterstützen dies dadurch, dass sie sich darüber lustig machten.

(3) Franzosen sind es gewohnt, mehrere Dinge gleichzeitig zu machen und sich dennoch auf alles zu konzentrieren. Ebenfalls war es für sie nicht so schlimm, dass sie zu spät kamen, da dies normal ist.

Erklärungsansatz

Zu Deutung (1):

Dies ist eher unwahrscheinlich, da die Themen teilweise durch uns selbst gewählt wurden und wir daher immer Themen nahmen, die uns auch interessierten. Wurden die Themen vorgegeben, dann in einem Rahmen, indem wir etwas dazu lernen und unser Wissen verbessern konnten. Außerdem bezogen sich die Themen immer auf das Studium, dass man gewählt hatte, weil es einen interessierte. Desinteresse kann daher also nicht der Grund sein. Sie empfanden es auch nicht als nervend, dass ich immer wieder auf das eine Projekt zurückkam, da dort noch Dinge zu klären waren, mit denen sie sich dann auch beschäftigten.

Zu Deutung (2):

Dies ist ebenfalls unwahrscheinlich, aufgrund des freundschaftlichen Umganges miteinander. Ich wurde immer als vollwertiges Studienmitglied angesehen und Sprachbarrieren gab es so gut wie nicht, da mein Niveau ausreichend gut war, Sie machten sich auch nicht daher über mich lustig, sondern es war nur als witziger Beitrag gedacht, der niemanden verletzten sollte. Da wir, wie schon erwähnt, auch außerhalb der Uni sehr gut befreundet waren.

Zu Deutung (3):

Dies ist sehr wahrscheinlich, da Franzosen und Deutsche ein unterschiedliches Verständnis über die Zeit haben. Franzosen machen immer mehrere Dinge gleichzeitig und sind sehr selten pünktlich, wohingegen Deutsche sehr pünktlich sind und immer erst eins nach dem anderen erledigen.

Belegen lässt sich diese These mit dem Kulturstandard von Edward T. Hall. Er hat herausgefunden, dass Kulturen unterschiedlich mit Zeit umgehen. Die einen sind polychrone die anderen monochrone Kulturen.

Die Franzosen sind eine polychrone Kultur, bei ihnen findet eine Zeitzerteilung statt, d. h. paralleles Arbeiten, sie erledigen mehrere Dinge gleichzeitig. Daher war es für meine Freundinnen selbstverständlich über alle laufende Projekte zu sprechen und zwischen ihnen hin und her zu springen. Monochrone Kulturen, wie die deutsche Kultur sehe Zeit als ein lineares System an, d. h. sie erledigen immer nur eine Sache und haben eine Zeiteinteilung, einen Plan, den sie abarbeiten. Daher war es für mich schwer meinen Freundinnen zu folgen, denn für mich war nur die eine Projektarbeit wichtig, in diesem Moment, die anderen wären erst zur Sprache gekommen, wenn die eine Projektarbeit aufgeteilt gewesen wäre.

Ebenfalls gibt es eine unterschiedliche Einstellung zur Zeit, polychrone Kulturen stehen Termine als Orientierung an, die man ungefähr einhalten sollte, daher kamen auch die Franzosen später als vereinbart, weil es eben nicht eher möglich war, aber für sie ist das kein Problem. Monochrone Kulturen hingehen nehmen Vereinbarungen sehr ernst und legen viel Wert auf Pünktlichkeit, es war also für mich normal pünktlich zu sein, oder anzurufen, wenn es etwas später wird.

Lösungsvorschlag

Auch hier wäre es besser gewesen sich vorher über die kulturell geprägten Grundeinstellungen und Wertorientierungen zu informieren, dann wäre auch dieses Missverständnis nicht entstanden. Dann wäre schon vorher klar gewesen, dass Projektarbeiten in Frankreich anders ablaufen, als in Deutschland.

Des Weiteren hätte man über die Unterschiede offen sprechen sollen und nicht einfach das Treffen abbrechen und dann hoffen, dass alles funktioniert. Beide Seiten hätten von einem offenen Gespräch profitiert, man hätte von dem jeweiligen anderen Arbeitsstil lernen können. Dann wäre auch deutlich geworden, dass die Scherze als verletzend angesehen wurden und nicht, wie eigentlich beabsichtigt, als lustig.“

A 8 CI 23/2

„Situation: Zu spät kommen

Es war an einem Abend, an dem wir gemeinsam mit Spanierinnen in die Diskothek gehen wollten. Eine deutsche Freundin wohnte mit zwei Spanierinnen zusammen in einer Wohnung. Diese fragten uns, ob wir nicht Lust hätte mit ihnen in eine Diskothek zu gehen. Außerdem würden sie noch ein paar ihrer Freundinnen dazu einladen. So kam es, dass wir uns an einem Abend um 23 Uhr an einer Bushaltestelle in der Nähe der Disco verabredeten. Meine Freundin und ich waren schon etwas später dran und es war uns ziemlich unangenehm zum vereinbarten Termin zu spät zu kommen, obwohl es sich nur um fünf Minuten handelte. Während der Busfahrt saßen wir nervös auf unserem Platz, da wir uns vorstellten, dass die anderen schon auf uns am vereinbarten Treffpunkt warten würden. Als wir ankamen, fiel uns ein Stein vom Herzen, da sie noch nicht dort waren. So setzten wir uns in die Haltestelle und warteten geduldig.

Nach einer Wartezeit von ca. 20 Minuten wurden wir langsam unruhig. Wir befürchteten, dass die anderen vielleicht schon losgelaufen sein könnten. Unsere deutsche Freundin konnten wir aber auch nicht erreichen, da wir unsere Handys nicht mitgenommen hatten. So warteten wir eine dreiviertel Stunde. Plötzlich sahen wir von Weitem eine Gruppe. Bei näherem Hinschauen erkannten wir unsere Freundin inmitten schnatternder Spanierinnen. Noch nicht ganz bei uns angekommen, fing unsere deutsche Freundin an sich für die Verspätung zu entschuldigen und ihr war es sichtlich peinlich. Sie hatte uns per Handy nicht mehr erreichen können, um uns von der Verspätung in Kenntnis zu setzen. Ihr war es unangenehm, dass wir so lange in der Haltestelle sitzen mussten. Sie meinte nur, dass ihre Mitbewohnerinnen sehr lange gebraucht haben, um sich für die Diskothek zu stylen. Sie wäre zur rechten Zeit fertig gewesen und musste auch auf die fünf Spanierinnen warten. Trotz Verspätung wollten die Fünf zur Disco laufen und nicht mit einem Taxi fahren, obwohl sie wussten, dass wir dort warteten.

Bei der Ankunft waren die Spanierinnen sehr nett und begrüßten uns freundlich. Wir erzählten ihnen, dass wir schon lange warteten, aber von deren Seite kam keinerlei Entschuldigung für die Verspätung. Sie sahen das nicht für so tragisch an. Spanien gehört zu den polychronen Kulturen, das heißt, es verschwimmen unterschiedliche Zeitfenster. Sie nehmen sich die Zeit und es können mehrere Aktivitäten gleichzeitig durchgeführt werden.

Während meines Spanienaufenthaltes habe ich gelernt, dass zu spät kommen nichts ausmacht, bis zu einer halben Stunde sind locker drin. Im Gegenteil, wenn man pünktlich erscheint, muss man ein Deutscher oder Engländer sein."

A 9 CI 24/1

„Critical Incident: Informationsfluss

Beschreibung des Critical Incidents

An einem normalen Arbeitstag übergab mir mein Betreuer vor Dienstschluss seine letzten ungelösten Aufgaben für diesen Tag. Ich war gerade mit der Vorbereitung von Bestellungen für den nächsten Tag beschäftigt. Er wies mich an, die Bestellung zu beenden, erteilte mir weitere Aufgaben und wies mich eher unauffällig auf ein ganz spezielles Material hin, dass eine spanische Ingenieurin für ihre Maschine gern bestellt hätte. Er gab mir die Information, dass dieses Material nur bei einem bestimmten deutschen Lieferanten bestellt werde könne, und gab mir die Kontaktdaten des Zulieferers. Ich nahm die Aufgaben zur Kenntnis und fuhr mit der Vorbereitung der Bestellungen fort. Etwas später kam jene spanische Ingenieurin an meinem Platz, um zu fragen, wann das von ihr angeforderte Material in ███ ankäme. Ich sagte ihr, dass ich mich damit noch nicht beschäftig hätte. Sie entgegnete mir daraufhin, dass sie das Material sehr dringend, d. h. so schnell wie möglich, bräuchte. Sie teilte mir noch einmal mit, wer der Lieferant sei und dass sie drei Stück bräuchte. Sofort rief ich bei dem besagten Lieferanten an und fragte ihn, wie schnell er drei Stück liefern könne. Ich bin dabei nicht besonders auf den Preis eingegangen, da ich verstanden habe, dass es nur diesen einen

Hersteller gibt und die Lieferzeit kritischer wäre als der Preis. Der deutsche Lieferant informierte mich nach Rücksprache mit seinen Sublieferanten, dass er drei Stück am nächsten Tag nach ███ schicken werde und die Bestellung bei seinem Sublieferanten auch bereits ausgelöst hätte. Ich betrachte das Problem als gelöst und bereitete die Bestellung für dieses Material vor. Etwas später ging ich zur Ingenieurin um sie zu informieren, dass ihr Material übermorgen eintreffen werde. Daraufhin fragte sie mich nach dem Preis, was mich ein wenig verwunderte. Ich fragte sie etwas schockiert, in welchem Rahmen der Preis liegen sollte, und erkundigte mich, ob es denn noch andere Zulieferer für dieses Material gäbe. Sie bestätigte mir das und gab einen Preisrahmen pro Stück an. Nun musste ich erneut mit dem Zulieferer sprechen, um mich nach dem Preis zu erkundigen. Glücklicherweise lag der genannte Preis in dem von der Ingenieurin genannten Rahmen. Da nun auch diese Frage geklärt war, widmete mich erst einmal wieder den anderen Aufgaben. Später an diesem Nachmittag informierte ich die Ingenieurin, dass der angegebene Preis in ihrer Preisspanne läge und ich die Bestellung jetzt so fest mit dem Zulieferer vereinbart hätte. In diesem Moment wies ich noch einmal auf die Stückzahl drei hin, worauf sie mir entgegnete, dass sie jetzt nur noch zwei Stück bräuchte, da sie noch eines in der Werkstatt gefunden hätte. Als ich zum vierten Mal an diesem Nachmittag mit dem deutschen Zulieferer sprach, war er bereits leicht genervt. Ich korrigierte die Stückzahl auf zwei, was er mir zuerst nicht ermöglichen wollte, da ich vorher die gesamte Zeit von drei Stück gesprochen habe. Nachdem ich ihm in den Zahlungsbedingungen entgegen gekommen war, konnten wir uns auf zwei Stück einigen, die pünktlich innerhalb der nächsten zwei Tage bei der Ingenieurin angekommen sind.

Kulturspezifische Erklärungsmodelle

Dieser Critical Incident ist auf Hall und die von ihm entdeckten kulturell geprägten Einstellungen zu Zeit und Kontext zurückzuführen. Nach Hall gehören die Deutschen eher einer monochronen und low-context Kultur an. Diese Anschauung deckt sich mit der Einordnung von Trompenpaars, der die deutsche Kultur den sequentiell-orientierten Kulturen zuordnet. Die spanische Kultur ist nach Hall eine polychrone und high-context Kultur. Trompenpaars ordnet die spanische Kultur den synchron-orientierten Kulturen zu (Vgl. Lüsebrink (2005), S. 28). Bei monochronen Zeitkulturen ist die ablaufende Zeit eine lineare Achse auf der alle Handlungen nacheinander ausgeführt werden. Polychrone Zeitkulturen können mehrere Sachen gleichzeitig machen und haben daher gegenüber Unterbrechungen der aktuellen Tätigkeit eine höhere Toleranz. Der erste kleine Critical Incident trat auf, als die Ingenieurin mich auf die Wichtigkeit ihres Materials hinwies. Ich bearbeitete eigentlich gerade die Bestellungen, die ebenfalls wichtig waren. Da ich als Deutsche monochron arbeite, lasse ich mich ungern in meiner Arbeit unterbrechen. Ich bin gewohnt eine Arbeit zu beginnen und sie erst abzuschließen, bevor ich eine andere Aufgabe beginne. Die Ingenieurin hat als Angehörige einer polychronen Kultur erwartet, dass man sich sofort ihrem aktuell vorgetragen Problem widmet.

Low-context Kulturen versuchen möglichst alle Informationen dem Gegenüber explizit mitzuteilen, damit dieser einen geringen Raum für Interpretationen hat. Sie betrachten Informationen als Bringschuld. "So erfolgt in monochronen Kulturen eine Vertrauensbildung zwischen den Kommunizierenden vor allem dadurch, dass die benötigten bzw. wichtigen Informationen und Fakten offen dargelegt werden. [...]" (Lüsebrink (2005), S. 26). High-context Kulturen geben sehr viele Informationen implizit über non - sowie paraverbale Signale und betrachten Informationen als Holschuld. Informationen werden deshalb den Beteiligten nicht direkt und unmittelbar mitgeteilt.

Ich habe, da ich als Deutsche nach Hall eher low-context geprägt bin, erwartet, dass mir bei dem ersten Gespräch über diese Materialbestellung alle wichtigen Informationen mitgeteilt werden. Weder mein Betreuer noch die Ingenieurin haben mir alle wichtigen Informationen ihrerseits mitgeteilt. Die spanische Ingenieurin hingegen geht als Mitglied der high-context Kultur davon aus, dass ich mir alle wichtigen Informationen bei ihr einholen werde (Holschuld der Informationen). Damit ist auch zu erklären, dass sie mich nicht über die Änderungen, d. h. die Wichtigkeit des Preises sowie die Korrektur der Stückzahl ihrerseits informiert hat. Ich dagegen betrachte Informationen als Bringschuld und habe deswegen erwartet auf die Dringlichkeit der Bestellung sowie auf die von ihr gemachten Änderungen hingewiesen zu werden. Für mich war es deshalb unverständlich, dass ich drei Mal über die gleiche Angelegenheit mit der spanischen Ingenieurin sprechen musste, um wirklich alle und wieder neu aufkommende Unklarheiten auszuschließen. Das ständige Nachfragen und das eigene Tun bestätigen lassen hat mich Zeit gekostet. Zeit wird in der deutschen Kultur nach Hall als ein sehr kostbares Gut angesehen. Wir sind darauf bestrebt, Zeit effektiv und bestmöglich zu nutzen. Neben der Erklärung nach Hall geben die deutschen Kulturstandards Direktheit (Ehrlichkeit und Offenheit sind Voraussetzungen für den Vertrauensaufbau bei Deutschen und haben deshalb vor Harmoniebestrebungen Priorität) und Zeitplanung (deckungsgleich mit Halls monochroner Beziehung gegenüber Zeit) Aufschluss über mein Unverständnis über diese Art des Informationsflusses (Vgl. Thomas (2005), S. 26 aus Thomas, Alexander; Kinast, Eva-Ulrike; Schroll-Machl, Sylvia (Hrsg.). Aufgrund der von Deutschen erwarteten Direktheit sah der deutsche Zulieferer meine erste Anfrage der Bestellung als verbindlich an. Dies war sicher neben der als deutsch angesehenen ineffektiven Arbeitsweise der Grund, weshalb der deutsche Zulieferer immer ungehaltener über meine Anrufe, Fragen und Änderungen wurde.

Eine andere Erklärungsmöglichkeit bezieht sich auf die Asymmetrie dieser Kommunikationssituation. Als Angehörige der deutschen Kultur habe ich als Praktikantin das Gefühl mich der Ingenieurin unterzuordnen zu müssen und ihre Aufgaben zu ihrer Zufriedenheit zu bearbeiten. Diese Denkweise würde sich wiederum mit der Erwartung der Spanierin, dem spanischen Kulturstandard der Hierarchieorientierung decken. Dieser Kulturstandard beschreibt, dass in Spanien Vorgesetzte die alleinige Entscheidungskompetenz haben und deshalb Mitarbeiter bevor sie eine Entscheidung selber treffen, die Bestätigung ihres Vorgesetzten einholen. Ein weiterer spanischer Kulturstandard, der die Handlungsweise der Ingenieurin beeinflusst haben könnte, könnte die aus deutscher Sicht als gering wahrgenommene Bereitschaft von Spaniern zur Übernahme von Verantwortung geschuldet sein. Dieser Kulturstandard geht mit einer freien Auslegung des mündlichen und schriftlichen Wortes sowie mit einer geringen Bereitschaft sich auf einen Sachverhalt festzulegen einher, was die vagen und eher ungenauen Aussagen der Spanierin erklären würde.

Interessant ist, dass ich als Mitglied der low-context Kulturen Informationen als Bringschuld betrachte, weswegen ich die Ingenieurin immer relativ zeitnah über den aktuellen Stand der Bestellung informierte. Dadurch kam es in diesem Fall überhaupt erst zum Informationsaustausch. Dieses Verhalten kann einerseits auf die Asymmetrie als auch auf die von Hall entdeckten eigenkulturell geprägten Einstellungen zu Zeit und Kontext zurückgeführt werden.

Fazit

Obwohl ich mir meiner Holschuld bewusst war und sogar Verständnis für das Verhalten der Ingenieurin aufbringen konnte, fühlte ich mich in dieser Situation falsch und unzureichend informiert. Ich war sogar über die Art und Weise des Zusammenarbeitens erbost. Ich hätte mir nicht vorgestellt, dass kulturspezifischen Einstellungen wie die zum Kontext in der Tat wirtschaftliche Konsequenzen haben können. Da am Ende ihr sowie das des deutschen Zulieferers und mein Handlungsziel gleichermaßen erreicht wurden, fasste die Ingenieurin zu meinem Arbeitsstil Vertrauen und bewertete diesen als gut.

Die Frage der Effektivität des Verhaltens der Beteiligten ist schwer zu beantworten, da das Empfinden und Bewerten von Effektivität und Effizienz eigenkulturell geprägt ist. So wirkte auf mich dieser Arbeitsstil eher ineffizient und ineffektiv, da viel Zeit durch die Art und Weise des Informationsflusses verloren wurde. Für die spanische Ingenieurin stellt sich dabei die Frage nach Effizienz eventuell erst gar nicht.

Ich schließe aus diesem Vorfall, dass man sich in high-context Kulturen durch ausreichendes Fragen häufiger rückversichern sollte. Dabei wird das Nachfragen wahrscheinlich auch weniger als nervend oder störend, wie ich als Deutsche denke, interpretiert, sondern eher als Interesse und Engagement. Dabei sollte man als Deutscher eine gewisse Gelassenheit entwickeln und seinen hohen Anspruch nach Effizienz senken, da Effizienz von spanischen Kollegen vorrangig nicht erwartet wird.

Der Situation adäquater hätte ich mich verhalten, wenn ich mich sofort dieser Bestellung gewidmet hätte. Dabei hätte ich von Anfang an, die geforderte Stückzahl erfragen und auf einen eventuellen Rest- und Lagerbestand hinweisen sollen. Darüber hinaus hätte ich mich bei der Ingenieurin nach ihren Preisvorstellungen sowie nach anderen möglichen Zuliefern informieren sollen. Es scheint, dass man sich in high-context Kulturen Informationen von verschiedenen Personen einholen sollte, da die Informationen meines Betreuers mit jenen der Spanier nicht übereinstimmten.“

A 10 CI 26/1

„Situation 1

Personen: L. (Spanischer Student), ich

Ort: ■■■

Zeit: Auslandsstudiensemester (WS 06/07)

Die erste Situation, die ich schildern möchte, begab sich während meines Studiensemesters in ■■■ ■. Als ausländischer Erasmusstudent hatte man die Möglichkeit sich für ein Tandemprogramm anzumelden, das darin besteht, dass man sich mit einem spanischen Studenten trifft, um sich zu unterhalten und abwechselnd Spanisch und (in meinem Fall) Deutsch spricht. Somit können beide davon profitieren und ihre Sprachkenntnisse in der Fremdsprache verbessern. Da ich diese Idee sehr gut fand und auch die Chance sah auf diese Weise Kontakte zu Einheimischen zu knüpfen, meldete ich mich an und bekam nach kurzer Zeit die E-Mail-Adresse meines Tandempartners zugeschickt. Sein Name war L. und er studierte Tiermedizin. Ich nahm sofort Kontakt auf und wir schrieben uns eine Weile, bis wir endlich einen Termin für ein Treffen finden konnten. Seine Emails waren immer sehr nett und ich hatte schon vor unserem Treffen einen positiven und sympathischen Eindruck von ihm.

Schließlich stand unser erstes Treffen bevor. Wir trafen uns in einer Metrostation, um anschließend eine Kleinigkeit essen zu gehen. Die Begrüßung war gleich herzlich mit dem landestypischen Küsschen auf die Wange und wir stiegen auch direkt in ein lockeres Gespräch unter gleichaltrigen Studenten ein. Jeder erzählte kurz was über sich, während wir einen Imbiss suchten. Ich war ein wenig aufgeregt, und da er sehr gut Deutsch sprach, unterhielten wir uns anfänglich auch auf Deutsch.

Als wir dann endlich im Imbiss waren, Platz genommen hatte und begannen zu essen, ging es mit unserer Unterhaltung gut weiter, endlich auch auf Spanisch. Es war eine sehr freundschaftliche und vertraute Atmosphäre zwischen uns und ich fühlte mich sehr wohl. Wir hatten viel Gesprächsstoff, da er auch bereits im Ausland, in Deutschland, studiert hatte und meine momentane Situation kannte.

Während des Essens gab es eine kurze Situation, in der es mir fast schon zu freundschaftlich zuging, als er mich fragte bzw. aufforderte von seinem Sandwich zu kosten. Ich biss zwar ab, weil mich solche Dinge eigentlich nicht stören, aber ich wunderte mich doch sehr. Es kam mir durchaus sehr ungewohnt vor, dass ich einen so unbekannten Menschen, den ich gerade erst kennengelernt hatte von meinem Brot beißen lasse. Ich denke jedoch, meine kurze Verblüfftheit ist ihm gar nicht aufgefallen.

Nach einer ganzen Weile musste er wieder in die Uni und wir gingen wieder gemeinsam zur Metro. Wir sprachen noch darüber, wann wir uns das nächste Mal treffen könnten, dass wir uns gegenseitig unsere Stundenpläne schicken wollten, um einen neuen Termin auszumachen und als wir uns verabschiedeten, kündigte er mir an, dass ich auch mal mit ihm und seinen Freunden ausgehen könne. Darauf antwortete ich, dass mich das sehr freue, aber dass ich damit gerne noch ein paar Wochen warten wolle. Die Verabschiedung war wieder herzlich und freundschaftlich und so verblieben wir, uns bald zu schreiben.

Ich war von unserem Treffen absolut positiv überrascht und begeistert. Nach einigen Tagen schon schrieb ich L. erneut eine Email um ein neues Treffen zu vereinbaren, weil ich fest davon ausging, dass wir uns regelmäßig treffen wollten. Zunächst bekam ich keine Antwort. Nach einigen Tagen schrieb ich erneut. Wieder keine Antwort. Dann wurde mir schon fast klar, nachdem er sich mehrere Wochen nicht meldete, dass wir uns wohl nicht mehr treffen würden.

Mir war nur absolut nicht klar, warum er den Kontakt einfach abgebrochen hatte, obwohl unser Treffen doch so positiv verlaufen war.

Was hätte ich besser machen können?

Vielleicht habe ich mich zu schnell wieder mit ihm treffen wollen. Er hat unsere Abmachung zu einem neuen Treffen vielleicht nicht so stark als verbindlich empfunden wie ich.

Habe ich ihn mit meinen wiederholten Emails genervt und unter Druck gesetzt? Vielleicht wollte er sich mehr Zeit zum Antworten und bis zum nächsten Treffen nehmen.

Habe ich irgendwie distanziert gewirkt, weil ich ein wenig nervös war, obwohl ich von mir selber nicht diesen Eindruck hatte?

Hätte ich von Anfang an mehr Spanisch sprechen sollen? Vielleicht hat er das als unhöflich empfunden.

Hat er es als Ablehnung und beleidigend empfunden, dass ich, eigentlich aus Schüchternheit, noch nicht so schnell mit seinen Freunden ausgehen wollte?

Was hätte er besser machen können?

Er hätte mir direkt sagen können, ob und wann wir uns noch mal treffen wollen oder wenigsten hätte er andeuten können, dass er noch darüber nachdenkt. Jedoch hat er mir durch seine Reaktionen vermittelt, dass wir uns ganz sicher demnächst einen neuen Termin ausmachen werden.

Er hätte wenigstens auf meine Emails reagieren können (wenn auch mit einer Ausrede).

Wenn ihm schon während unseres Treffens bewusst wurde, dass er sich nicht noch einmal treffen will, hätte er mehr auf Distanz bleiben können. So hat er mir jedoch durch sein Verhalten vermittelt, dass auch er mich sympathisch findet.

Was habe ich aus dieser Situation gelernt?

Leider konnte ich die gesamte Situation nur sehr schwer einschätzen und auch jetzt, im Nachhinein, fällt es mir sehr schwer die Gründe für den Ausgang der Situation nachzuvollziehen. Was ich aber auf jeden Fall aus der Situation für mich persönlich gelernt habe, ist, dass man sich doch nicht immer auf den ersten Eindruck verlassen kann und dass man einen Menschen besser kennen muss, um ihn beurteilen zu können.

Anwendung der Studien von Hall und Hofstede

Ich denke, in erster Linie lässt sich eindeutig erkennen, dass die Einschätzung und Planung von **Zeit** (nach Hall) bzw. die **Langzeitorientierung** (nach Hofstede) in diesem Beispiel eine große Rolle spielen. Da ich als Deutsche vorrangig nach einer linearen Zeiteinteilung lebe und langfristig zeitlich orientiert bin, war es mir offensichtlich wichtig sofort oder bald einen neuen Termin für ein Treffen zu vereinbaren und auch, dass dieses Treffen in sehr naher Zukunft und regelmäßig stattfindet. Mein spanischer Tandempartner hingegen, polychron veranlagt und kurzfristig zeitlich orientiert, hatte wahrscheinlich noch keine genaue zeitliche Vorstellung von einem erneuten Treffen und wollte dieses sicherlich auch nicht weit im Voraus planen.

Ein weiterer Aspekt, der Anwendung findet, ist **Raum** (nach Hall), vor allem in der Situation als er mir anbot von seinem Sandwich zu beißen. Während ich aus einer Kultur stamme, die sich eher der Distanz zu ordnen lässt, gehört er, als Spanier, zu einer Kultur, die für Nähe steht. Demnach war es mir etwas unangenehm mit einem so wenig vertrauten Menschen vom gleichen Brot abzubeißen. Für ihn jedoch schien das vollkommen normal zu sein."

A 11 CI 28/2

„Die Gruppenarbeit"

Mein zweiter Critical Incident, welchen ich gern beschreiben möchte, handelt von einer Gruppenarbeit im Rahmen eines Marketingseminars in der Universität. Die Seminargruppe hatte den Auftrag bekommen sich in Gruppen zusammenzufinden und eine Marktanalyse durchzuführen. Da die Vorlesungszeit erst begonnen hatte, waren mir die Mitglieder in meiner Projektgruppe relativ unbekannt. Es handelte sich um 2 Spanierinnen und einen Spanier.

Wir vereinbarten einen ersten Termin, um uns nach den Vorlesungen zu treffen und um das Projekt genauer zu besprechen. Zum vereinbarten Datum wartete ich am ausgemachten Ort auf die anderen, welche sich nur zum Teil und mit etwas zeitlicher Verspätung einfanden. Nicht vollständig begannen wir die Projektsitzung also ungefähr 20 Minuten später. Während der Besprechung wurde sehr viel durcheinander gesprochen und jeder sprach seine Ideen aus, wenn sie ihm gerade in den Sinn kamen. Wir saßen in der Cafeteria, sodass bereits eine laute Geräuschkulisse herrschte. Umso lauter musste demzufolge auch in unserer Gruppe gesprochen werden. Neben meinen noch unzulänglichen Sprachkenntnissen fiel es mir schwer, dieser, meiner Meinung nach unstrukturierten, Besprechung zu folgen und in dem Wirrwarr an Einwänden selbst zu Wort zu kommen und meine Ideen einzubringen. Es wurde nicht nur parallel gesprochen, sondern nebenbei klingelte das Telefon oder es wurde eine Kurznachricht geschrieben. Am Ende der Besprechung hatte ich das Gefühl, das uns diese Sitzung unserem Ziel nicht näher gebracht hatte. Ganz im Gegenteil, meiner Meinung nach herrschte nun ein Durcheinander an Vorschlägen und keine eindeutige Vorgehensweise.

Mit einer der beiden Kommilitoninnen ging ich anschließend zur nächsten Vorlesung. Auf dem Weg dorthin berichtete sie mir, wie gut und effizient unsere Besprechung gewesen wäre. Ich hingegen war etwas verwirrt über diese Aussage. Deswegen bat ich sie, mir noch einmal die wichtigsten Daten und Vorgehensweisen zu erklären.

Analyse und Verbesserungsvorschlag

Es wird deutlich, dass die Situation meinerseits von einem Gefühl der Ungewissheit und Unzufriedenheit begleitet worden ist. Die anderen Gruppenmitglieder schienen diese Besprechung jedoch als normal und sogar als gut und aufschlussreich empfunden zu haben. Somit wird ersichtlich, dass kulturell unterschiedliche Verhaltensmuster zu diesen verschiedenen Einschätzungen und Ergebnissen führen konnten.

Die Entstehung dieses Critical Incidents ist vorwiegend auf die unterschiedliche Organisationsstruktur der Kommunikation beider Kulturen zurückzuführen. In Spanien herrscht vorwiegend eine polychrone Organisationsstruktur vor. Dies bedeutet, dass mehrere Dinge parallel erledigt werden können, sowie Unpünktlichkeit und Unterbrechungen nicht als negativ bewertet werden. Des Weiteren werden polychrone Kulturen auch oftmals als high-context Kulturen eingestuft. Bei Spanien ist dies der Fall. Das bedeutet, dass wie bereits in Kapitel 3.2 erläutert, ein eher informeller Informationsfluss herrscht und eine Informationsholschuld besteht. Außerdem neigen die Menschen derartig geprägter Kulturen oft zu Beziehungsorientierung. Deutschland hingegen zählt zu den monochron geprägten Kulturen, welche ihre Zeit nacheinander einteilen und somit für gewöhnlich eins nach dem anderen tun. Pünktlichkeit und das Einhalten von Terminen wird als sehr wichtig und das Unterbrechen von anderen Gesprächsteilnehmern als unhöflich empfunden. Des Weiteren besteht der Unterschied, dass in Deutschland, als eine low-context Kultur, eine Informationsbringschuld besteht, welche von Sachorientierung und einer ausführlichen Informationsübermittlung begleitet wird.

Es wird bereits sichtbar, dass die spanische und die deutsche Kultur sich in diesen beiden Dimensionen stark unterscheiden. So mögen diese Unterschiede auch zu den verschiedenen Auffassungen über die Projektsitzung geführt haben.

Während ich als Deutsche eher monochrone Abläufe und sachorientiertes Arbeiten gewöhnt bin, konnten meine spanischen Kommilitonen sich auf mehrere Dinge gleichzeitig konzentrieren und unterbrachen sich häufig gegenseitig. Ich empfand dies jedoch als unhöflich und tat es deswegen nicht.

Ein möglicher Verbesserungsvorschlag für diese Situation ist schwer zu finden, denn selbst wenn man weiß, wie die andere Kultur sich von der eigenen unterscheidet, so ist es doch sehr schwierig, und es ist auch fraglich, ob es überhaupt möglich ist, die andere Arbeitsweise vollkommen anzunehmen. Um einen derartigen Critical Incident eindämmen zu können, ist es nötig, über die Funktionsweise der anderen Kultur Bescheid zu wissen und somit dadurch vorbereitet zu sein. Des Weiteren ist ratsam, um keine inhaltlichen Fehler zu begehen, dass man bei einem zu großen Unverständnis im Nachhinein einen anderes Sitzungsmitglied noch einmal genau nach den Resultaten befragt um mögliche Fehler zu vermeiden.

Für mich persönlich konnte ich aus dieser Situation lernen, dass eine Besprechung in Spanien anders funktioniert. Durch diese andere Organisationsstruktur ist es ratsam, weitaus mehr Aufmerksamkeit zu erbringen, um möglichen Missverständnissen aus dem Weg zu gehen. Für weitere Besprechungen habe ich des Weiteren gelernt, dass das Unterbrechen anderer Personen nicht als störend oder unangenehm empfunden wird, sondern im Gegenteil teilweise notwendig ist.“

Abonnement

Hiermit abonniere ich die Reihe **Kultur – Kommunikation – Kooperation (ISSN 1869-5884),** herausgegeben von Gabriele Berkenbusch und Katharina von Helmolt,

❒ ab Band # 1

❒ ab Band # ___

  ❒ Außerdem bestelle ich folgende der bereits erschienenen Bände:

  #___, ___, ___, ___, ___, ___, ___, ___, ___, ___, ___, ___

❒ ab der nächsten Neuerscheinung

  ❒ Außerdem bestelle ich folgende der bereits erschienenen Bände:

  #___, ___, ___, ___, ___, ___, ___, ___, ___, ___, ___, ___

❒ 1 Ausgabe pro Band ODER ❒ ___ Ausgaben pro Band

Bitte senden Sie meine Bücher zur versandkostenfreien Lieferung innerhalb Deutschlands an folgende Anschrift:

Vorname, Name: ________________________________

Straße, Hausnr.: ________________________________

PLZ, Ort: ________________________________

Tel. (für Rückfragen): ________________ *Datum, Unterschrift:* ______________

Zahlungsart

❒ *ich möchte per Rechnung zahlen*

❒ *ich möchte per Lastschrift zahlen*

bei Zahlung per Lastschrift bitte ausfüllen:

Kontoinhaber: ________________________________

Kreditinstitut: ________________________________

Kontonummer: ________________________ Bankleitzahl: ________________

Hiermit ermächtige ich jederzeit widerruflich den *ibidem*-Verlag, die fälligen Zahlungen für mein Abonnement der Reihe **Kultur – Kommunikation – Kooperation** von meinem oben genannten Konto per Lastschrift abzubuchen.

Datum, Unterschrift: ________________________________

Abonnementformular entweder **per Fax** senden an: **0511 / 262 2201** oder 0711 / 800 1889 oder als **Brief** an: *ibidem*-Verlag, Julius-Leber Weg 11, 30457 Hannover oder als **e-mail** an: **ibidem@ibidem-verlag.de**

ibidem-Verlag
Melchiorstr. 15
D-70439 Stuttgart
info@ibidem-verlag.de

www.ibidem-verlag.de
www.ibidem.eu
www.edition-noema.de
www.autorenbetreuung.de

Zeitfracht Medien GmbH
Ferdinand-Jühlke-Straße 7
99095 Erfurt, Deutschland
produktsicherheit@kolibri360.de